AF475798

V

4523.

COMPOSITIONS HISTORIQUES.

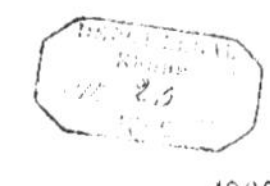

1862

A MONSIEUR

LE COMTE LEOPOLD DE RUOLZ

MEMBRE DE L'ACADEMIE IMPERIALE DES SCIENCES,
BELLES-LETTRES ET ARTS DE LYON

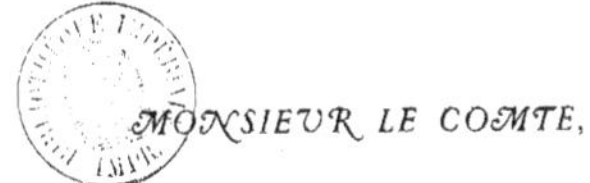

MONSIEUR LE COMTE,

J'AI eu l'honneur de mettre sous vos yeux les esquisses de mes compositions historiques, vous avez bien voulu m'aider de vos avis & m'encourager dans la pensée que j'avais de les publier.

Tous les sujets, vous le savez, en sont pris dans les histoires grecque & romaine; c'est un dernier hommage que je rends à ces deux peuples, nos maîtres dans les lettres & dans les arts.

Veuillez, Monsieur le Comte, agréer ce modeste ouvrage, je serai heureux si vous me permettez d'y placer votre nom.

A. CHENAVARD.

Lyon, le 15 mai 1862.

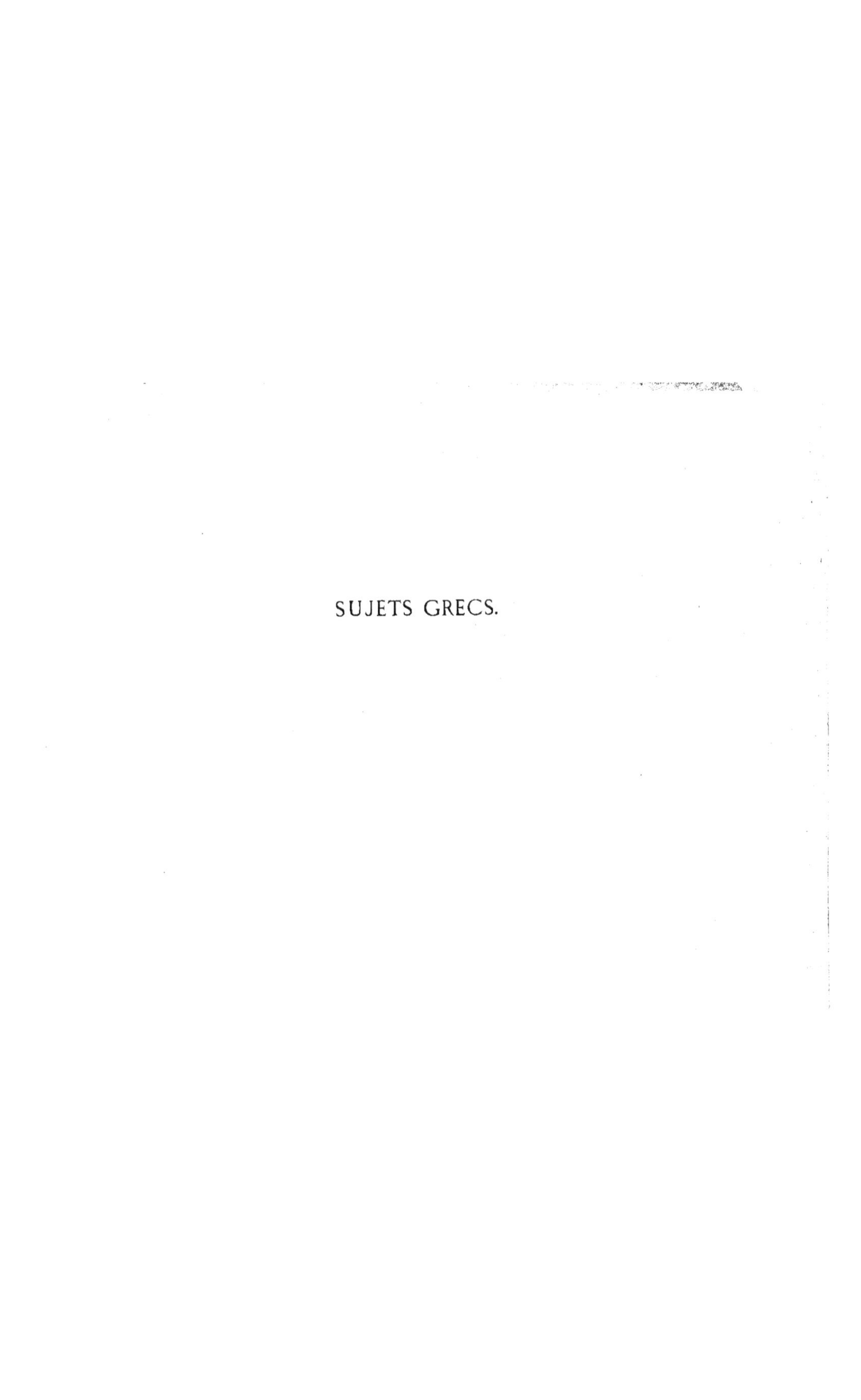

SUJETS GRECS.

PL. I.

AMPHION.

Amphion était fils d'Antiope, femme de Lycus, qui régnait à Thèbes, 1416 ans avant J.-C.

Lycus ayant soupçonné la fidélité d'Antiope, la répudia & épousa Dircé. Plus tard, Jupiter visita Antiope & la rendit mère de deux jumeaux, Zethus & Amphion. Dircé, qui les crut fils de Lycus, fit enfermer Antiope dans une étroite prison d'où elle fut délivrée par Jupiter, puis elle se retira auprès de ses fils.

Zethus s'était adonné aux soins des troupeaux, & Amphion, qui avait reçu de Mercure une lyre, devint musicien habile.

Ces deux frères, pour venger leur mère, se rendirent à main armée devant Thèbes, la prirent & firent mourir Lycus & Dircé.

Amphion régna à Thèbes vers 1390 avant J.-C.; il entoura de murs cette cité qui avait été fondée par Cadmus, en 1549.

Les mythologues disent que les pierres dont ces murs furent construits, sensibles aux accords de la lyre d'Amphion, s'élevaient & se plaçaient d'elles-mêmes : ingénieux emblème de la puissance que la mélodie exerçait sur ces peuples primitifs.

La poésie a des fictions qui ne peuvent être exprimées par la peinture. En réalité, Amphion soutenait par ses chants l'ardeur des ouvriers qui élevaient ces murailles.

PL. II.

ENLEVEMENT DE MEDEE.

Des héros grecs, ſous le nom d'Argonautes, formèrent le projet de ſe rendre dans la Colchide pour s'emparer des tréſors du roi Aetès.

Parmi ces héros étaient Jaſon, fils d'Eſon, roi d'Iolchos en Theſſalie; Caſtor & Pollux, fils de Tyndate, roi de Sparte; Hercule; Pelée, roi de Phthiotie, & Orphée qui partageait des travaux qu'il adouciſſait par ſes chants.

Ces héros choiſirent Jaſon pour chef de leur expédition.

Au nombre des tréſors d'Aetès était une toiſon d'or que Phryxus, obligé de s'éloigner de Thèbes, apporta dans la Colchide. La poſſeſſion de cette toiſon devait combler Jaſon de richeſſes & d'honneur.

Après une navigation longue & périlleuſe, les Argonautes arrivèrent à Colchos. La toiſon d'or était gardée par un horrible dragon; mais la fille d'Aetès, Médée, qui prenait déjà un tendre intérêt à Jaſon, lui promit de le faire triompher du monſtre, s'il voulait lui donner ſa foi. Jaſon, avec le ſecours de Médée, tua le dragon & enleva la toiſon.

Les deux amants prirent la fuite, &, quoique pourſuivis par les envoyés d'Aetès, ils arrivèrent dans l'île de Schérie, à la cour du roi Alcinoüs, où leur mariage fut célébré.

Jaſon, ayant vainement tenté de reprendre le trône d'Iolchos, ſe retira avec Médée à Corinthe, où ils vécurent dix ans dans une union qui ne fut troublée que par l'infidélité de Jaſon, devenu amoureux de Glaucé, fille de Créon, roi de Corinthe. Il épouſa Glaucé & répudia Médée. Médée punit le parjure en ſacrifiant à ſa vengeance Glaucé, le roi Créon & les deux enfants qu'elle-même avait eus de Jaſon, & elle prit la fuite.

Jaſon ſe retira alors en Theſſalie. Après y avoir mené une vie errante, il périt, ſelon la prédiction de Médée, ſous la chute des débris du vaiſſeau des Argonautes.

Médée retourna en Colchide, auprès de ſon père, qu'elle trouva détrôné par Perſès, ſon propre fils; elle ſe réconcilia avec lui & parvint à le rétablir ſur ſon trône.

L'expédition des Argonautes, 1360 avant J.-C.

PL. III.

ETHRA DECOUVRE A THESEE LE SECRET DE SA NAISSANCE.

Pitheüs, furnommé le Sage, avait fondé la ville de Trezène. Il y reçut Egée, roi d'Athènes, & lui donna en mariage Ethra, fa fille,

A fon départ pour Athènes, Egée laiffa chez Pitheüs Ethra devenue groffe, & cacha une épée & des brodequins fous une grande pierre affez creufe pour contenir le dépôt. Il ne communiqua fon fecret qu'à Ethra feule, & il lui recommanda, fi elle accouchait d'un fils, & que, parvenu à l'âge viril, il fût affez fort pour lever la pierre & prendre ce que fon père aurait laiffé, de le lui envoyer muni de ces fignes de reconnaiffance. Il partit, & Ethra mit au monde un fils qui fut nommé Théfée.

Lorfque Théfée, parvenu à l'adolefcence, eut montré qu'à la force du corps, au courage & à la grandeur d'âme, il joignait la fageffe & le bon fens, Ethra le mena au lieu où était la pierre, lui découvrit le fecret de fa naiffance, lui dit de retirer les objets cachés par fon père fous cette pierre. Théfée la fouleva aifément, &, par le confeil d'Ethra, muni de ces fignes de reconnaiffance, il fe rendit à Athènes.

Ethra lui confeillait de s'embarquer, car le chemin par terre était dangereux, il était infefté par des malfaiteurs. Malgré les inftances de fon aïeul & de fa mère, il refufa de s'en aller par mer, réfolu de repouffer vigoureufement toute violence. Il partit, &, dans fa route, à Epidaure, dans l'Ifthme, à Eleufis, à Mégare, il defit les brigands qui défolaient la contrée, & il arriva à Athènes où Egée le reconnut devant l'affemblée des citoyens qui le reçurent avec joie fur le renom de fa valeur.

Plutarque, *Vie de Théfée.*

Naiffance de Théfée, 1346 avant J.-C.

PL. IV.

IPHIGENIE EN AULIDE.

Les Grecs, partant pour leur expédition contre Troie, ſe rendirent de tous les points de la Grèce à Aulis & y réunirent toute leur flotte. Les vents contraires les retenant dans ce port, Agamemnon & quelques autres chefs conſultèrent l'oracle de Diane qu'on révérait à Aulis.

Diane était irritée contre Agamemnon parce qu'il avait tué une biche qui lui était conſacrée ; pour être apaiſée & rendre les vents favorables, elle ordonna qu'on lui fît le ſacrifice d'une fille du ſang d'Hélène. Sur l'interprétation de l'oracle, on s'apprêtait à ſacrifier à la déeſſe Iphigénie, fille d'Agamemnon & de Clytemneſtre, ſœur d'Hélène.

Agamemnon réſiſte, les Grecs menacent ; il cède & ordonne qu'Iphigénie ſoit ſacrifiée. La victime eſt attendue à l'autel par le grand prêtre Calchas & déjà l'autel eſt paré.

Clytemneſtre, accompagnée de ſa fille, ſe préſente à Agamemnon ; elle l'accable de tous les noms odieux qu'elle exhale dans ſa fureur.

Clytemneſtre parlant à Agamemnon dans l'*Iphigénie* de Racine, acte IV, ſcène IV :

Vous ne démentez point une race funeſte,
Oui, vous êtes le ſang d'Atrée & de Thyeſte ;
Bourreau de votre fille, il ne vous reſte enfin
Que d'en faire à ſa mère un horrible feſtin.
Barbare ! c'eſt donc là cet heureux ſacrifice
Que vos ſoins préparaient avec tant d'artifice !

Quoi! l'horreur de foufcrire à cet ordre inhumain
N'a pas, en le traçant, arrêté votre main!
. . . .
. . . .

Non, je ne l'aurai point amenée au fupplice;
Ou vous ferez aux Grecs un double facrifice.
Ni crainte ni refpect, ne m'en peut détacher:
De mes bras tout fanglants il faudra l'arracher.
Auffi barbare époux qu'impitoyable père,
Venez, fi vous l'ofez, la ravir à fa mère.

C'eft la fcène qu'on a effayé de repréfenter.

Aulis, ville de Béotie, était fituée fur le rivage de la mer qui fépare l'Eubée de la Béotie. On y voyait, felon Paufanias, un temple de Diane & deux ftatues en marbre blanc: l'une repréfentait la déeffe tenant des torches, & l'autre tirant de l'arc. Devant ce temple, dit-il, il y a des palmiers.

La ville d'Aulis n'exifte plus. On voit la grande anfe qui lui fervait de port, trop petit fans doute pour contenir les nombreux vaiffeaux des Grecs; mais la flotte pouvait s'étendre dans toute la largeur du détroit, entre Aulis & l'Eubée.

On trouve fur ce lieu une bafe de colonne, feul refte qui attefte que là une ville & un monument ont exifté.

PL. V.

LA DERNIERE JOURNEE DE TROIE.

Dans le palais de Priam étaient cinquante appartements rapprochés entre eux, revêtus d'un marbre éclatant; là repofaient les enfants de Priam près de leurs époufes légitimes. Vis-à-vis, & dans l'intérieur des cours deftinées aux filles du roi, étaient douze autres appartements, de même rapprochés entre eux, & revêtus d'un marbre éclatant, où repofaient les gendres de Priam près de leurs honorables époufes.

On y voyait auffi un temple à Minerve victorieufe.

Iliade, chant VI.

Dans une cour du Palais de Priam il y avait une tour extrêmement haute d'où l'on voyait toute la ville & d'où, pendant le fiége, nous découvrions tout ce qui fe paffait dans le camp & fur les vaiffeaux des Grecs, & un grand autel confacré aux Dieux pénates & ombragé par un vieux laurier.

C'était au pied de cet autel, qu'Hécube & fes filles s'étaient réfugiées. Telles que de timides colombes effrayées d'un violent orage, elles étaient immobiles autour de l'autel qu'elles embraffaient. Priam, voyant la ville livrée aux Grecs, s'arme d'un fer inutile & s'avance vers l'ennemi, réfolu de mourir les armes à la main. Hécube, voyant le vieux roi couvert des armes d'un jeune homme : « Malheureux époux, lui dit-elle, que prétendez-vous? Hector lui-même, Hector, mon fils, ne pourrait nous garantir du fort qui nous menace. Venez, venez plutôt vous réfugier avec nous dans cet afyle. Cet autel nous fauvera la vie, ou nous la perdrons enfemble. »

Cependant Polite, l'un des enfants de Priam, fuyait dans les falles du Palais, pourfuivi par Pyrrhus, qui l'avait bleffé. Sur le point d'être percé une feconde fois, il tomba près de l'autel & expira aux pieds du Roi & de la Reine.

Priam, près d'expirer lui-même, ne put retenir fa colère : d'une main impuiffante il lance contre Pyrrhus un trait qui à peine toucha fon bouclier & qui tomba à fes pieds. Pyrrhus, fans refpecter l'autel, fe jette fans pitié fur l'infortuné vieillard, dont les pas chancelaient fur le marbre inondé du fang de fon fils; il faifit d'une main fes cheveux blancs & de l'autre il lui plonge fon épée dans le fein.

Enéide, chant II.

De la porte Scée ou du Couchant, par laquelle fortaient les Troyens pour fe rendre dans la plaine où avaient lieu les combats, le fol s'élève graduellement jufqu'au Pergama, ou citadelle dans laquelle étaient le palais de Priam & le temple de Minerve; on voit encore les reftes de trois tombeaux ou *tumuli*. L'un d'eux eft celui d'Hector. Cet endroit de la ville était le plus élevé; il domine à pic les profondeurs où roule le Simoïs; la ville était inacceffible de ce côté.

Prife de Troie, 1270 ans avant J.-C.

PL. VI.

APPARITION D'ACHILLE.

Achille fort du fond de fon tombeau ; il annonce aux Grecs, prêts à quitter les rivages d'Illion, les maux fans nombre que le ciel & la mer leur préparent.

Longin, *Du Sublime*, ch. XIII.

A leur retour dans leur patrie, Ménélas fut jeté par les vents fur les côtes de l'Egypte & il n'arriva à Sparte que la huitième année après fon départ de Troie.

Avant d'arriver à Ithaque, Ulyffe perdit tous fes compagnons, il erra de mer en mer, pendant dix ans, chez différents peuples

Idoménée, prêt à périr dans une tempête, fit vœu à Neptune de lui facrifier le premier de fes fujets qu'il rencontrerait, s'il le fauvait du danger. En abordant en Crète, Idoménée rencontra fon propre fils ; il le facrifia.

Agamemnon trouva la mort dans fon palais. Egifthe, fils de Thiefte, & Clytemneftre, époufe d'Agamemnon, confpirèrent fa mort ; l'un pour s'emparer du trône de Mycènes, où il régna fept ans, l'autre pour venger la mort d'Iphigénie, fa fille, immolée en Aulide par fon propre père.

PL. VII.

ENEE EN THRACE.

Après l'incendie du Palais de Priam & la deſtruction de Troie, Enée abandonna ſes rivages, &, s'embarquant avec ſes compagnons, il fut chercher d'autres lieux. Enée, parlant à Didon, s'exprime ainſi :

« Vis-à-vis de la Troade eſt une vaſte contrée, conſacrée au Dieu Mars & habitée par les Thraces. Ces peuples ayant toujours été nos amis & nos alliés, ce fut chez eux que nous cherchâmes d'abord un asyle. A mon arrivée, j'entreprends de jeter les fondements d'une ville. Cependant, pour me rendre les Dieux favorables, je préparais un ſacrifice à Vénus ma mère. Il y avait près de là un tertre couvert de cornouillers & de myrtes, je m'en approchai dans le deſſein d'en arracher quelques arbriſſeaux pour parer de feuillages l'autel où je devais faire le ſacrifice; mais, ô prodige! de l'écorce du premier arbriſſeau que je déracinai, je vis couler du ſang; ſurpris & effrayé, j'eſſaie d'en arracher un autre, le ſang coula pareillement de l'écorce de ce ſecond arbriſſeau; alors, j'entendis des gémiſſements qui me parurent ſortir du fond d'un ſépulcre; en même temps une voix lugubre vint frapper mes oreilles : « Enée, pourquoi déchires-tu un malheureux; reſpecte mon tombeau & ne fouille point tes mains pures, je ſuis un « prince troyen, & le ſang que tu vois couler du tronc de ces arbriſſeaux eſt le mien. »

L'infortuné Priam, ſe voyant menacé d'une guerre, dont il redoutait les événements, avait ſecrètement envoyé Polydore, le plus jeune de ſes fils, avec beaucoup d'or, à Polymneſtor, roi de Thrace. Ce perfide, voyant les malheurs de Troie, aſſaſſina Polydore & s'empara de ſon tréſor.

Enéide, chant III.

PL. VIII.

HERMIONE.

Hermione était fille de Ménélas & d'Hélène. Elle avait été promise à Oreste par Tyndare, roi de Sparte & père d'Hélène, & donnée à Pyrrhus par Ménélas.

Après la prise de Troie, Andromaque, veuve d'Hector, échut en partage à Pyrrhus, il la conduisit en Epire & l'épousa au préjudice d'Hermione qui l'aimait. Telle fut la cause de la mort de Pyrrhus.

Selon l'opinion commune, Pyrrhus s'était rendu dans le Temple de Delphes pour apaiser Apollon contre lequel il avait fait des imprécations au sujet de la mort d'Achille; & Oreste, selon Euripide, pour se venger d'un odieux rival, fit croire aux Delphiens que Pyrrhus était venu pour piller leur temple, & les Delphiens le tuèrent.

D'autres auteurs font tuer Pyrrhus par Oreste en Epire. C'est la version qu'a suivie Racine dans sa tragédie d'*Andromaque*.

Dans sa jalouse fureur, Hermione promet à Oreste de l'épouser, s'il venge son injure par la mort de Pyrrhus. Oreste obéit à regret aux ordres d'Hermione; il tue Pyrrhus dans le temple où il avait conduit Andromaque pour célébrer son mariage. Hermione, après avoir, avec imprécation, reproché ce meurtre à Oreste, court au temple & se tue sur le corps de Pyrrhus.

PYLADE A ORESTE.

En rentrant dans ces lieux nous l'avons rencontrée
Qui courait vers le temple, inquiète, égarée.
Elle a trouvé Pyrrhus porté par des soldats
Que son sang excitait à venger son trépas.
Sans doute à cet objet sa rage s'est émue.
Mais du haut de la porte enfin nous l'avons vue,
Un poignard à la main, sur Pyrrhus se courber,
Lever les yeux au ciel, se frapper & tomber.

Andromaque, acte v.

Pl. IX.

ANDROMAQUE EN EPIRE.

Enée, parlant à Didon, s'exprime ainfi : « Bientôt nous perdîmes de vue les hautes tours des Phéaciens. Ayant rangé les côtes d'Epire, nous relâchâmes dans le port de Chaonie & nous prîmes le chemin de Buthrote. Sur la route nous apprîmes une nouvelle qui nous étonna. On nous dit qu'Helenus, fils de Priam, régnait dans la Grèce, & qu'il était affis fur le trône de Pyrrhus, dont il avait époufé la veuve Andromaque, ainfi mariée pour la feconde fois à un prince troyen. Surpris & impatient d'apprendre d'Helenus même les circonftances d'un fi grand évènement, je laiffai nos vaiffeaux à l'ancre & je m'avançai dans les terres.

« Ce jour-là même, Andromaque offrait des dons funèbres à la cendre d'Hector, fon premier époux, près de la ville de Buthrote, dans un bois facré qu'arrofait un ruiffeau auquel elle avait donné le nom de Simoïs. C'eft là qu'elle appelait les manes de fon cher Hector, à qui elle avait élevé un tombeau de gazon, au milieu de deux autels, trifte objet qui entretenait fa douleur & faifait fans ceffe couler fes larmes. Mon arrivée & la vue des armes troyennes lui caufèrent un fi grand étonnement qu'elle s'évanouit. Ayant enfin recouvré fes efprits, elle me dit : « Eft-ce vous, « fils de Vénus, eft-ce vous-même ? Vivez-vous encore ? »

Enéide, chant III.

PL. X.

ENEE EN LYBIE.

Enée s'avançait fuivi feulement du fidèle Acate, & tenant dans fa main deux javelots armés d'un large fer. A peine était-il vers le milieu de la forêt, que Venus, fa mère, s'offrit à fes yeux, vêtue & armée comme une chafferefle. « Etes-vous une mortelle ? Vous n'en n'avez ni l'air ni la voix, prenez pitié de nos maux & apprenez-nous dans quelle contrée nous fommes; la fureur des vents & des flots nous a jetés fur cette terre où nous errons fans connaître ni le pays ni les habitants. » Vénus répliqua : « Le pays d'alentour eft la Lybie, habitée par une nation féroce & guerrière. Didon a conduit en ces lieux une colonie de Tyriens où elle fonde un nouvel empire. Une ville s'élève. Pour fixer fon enceinte, ils ont acheté autant de terre que la peau d'un bœuf, coupée en courroies, peut en contenir. Vous êtes arrivés près des murs de Carthage. Continuez votre route & rendez-vous au palais de la Reine. »

Elle dit, & en fe retournant, fa tête parut rayonnante, fes cheveux répandirent dans l'air une odeur célefte, fa robe s'abattit & l'on vit clairement la Déeffe.

Enéide, chant I.

PL. XI.

LA MORT DE DIDON.

Jupiter envoie Mercure à Enée pour lui annoncer que fa volonté eft qu'il quitte Carthage, & qu'il fe rende en Italie, où les deftins lui affurent qu'il fondera un empire, maître un jour de l'univers.

Enée, obéiffant aux ordres de Jupiter, faifait les préparatifs de fon départ. Didon comprit qu'elle était trahie. En vain elle rappelle à Enée fon amour, fes ferments; en vain elle implore fa pitié : fes prières ni fes larmes ne peuvent le retenir. Les difcours d'Enée, fes tendres paroles ne peuvent calmer la douleur de Didon. Amoureux lui-même, il pouffait de profonds foupirs : « Je ne cède, lui dit-il, qu'à l'oracle d'Apollon & à la volonté de Jupiter, à l'ombre menaçante enfin de mon père, qui toutes les nuits m'apparaît en fonge & m'ordonne de partir. » Didon frémit de l'horreur de fa deftinée; elle fe dérobe aux yeux de fon amant & tombe évanouie entre les bras de fes femmes.

Cependant du haut de fon palais, la reine vit les tumultueux préparatifs du départ fur le bord de la mer, & dans fon défefpoir elle appelle la mort.

Il y avait dans fon palais une chapelle confacrée aux mânes de Sichée fon époux; elle croit entendre, la nuit, fa voix lugubre qui l'appelle du fond de ce trifte fanctuaire. Didon, vaincue par la douleur, eft réfolue de mourir. Elle fait élever dans un lieu découvert, un grand bûcher de bois réfineux environné d'autels ornés de branches funèbres. Elle fait mettre fur ce bûcher le lit conjugal, ce lit fource de fon malheur, l'épée & tout ce qui reftait d'Enée. Le vifage pâle, les yeux rouges & égarés, les joues tremblantes & livides, elle monte fur ce bûcher, fe jette fur le lit & tire du fourreau l'épée de fon amant : « Que le cruel, dit-elle, voie du haut de fa poupe, la flamme qui va me « confumer, qu'il en repaiffe fes yeux barbares & qu'il emporte avec lui ce funefte préfage. » A ces mots Didon plonge l'épée dans fon fein.

Enéide, chant IV.

PL. XII.

ARRIVEE D'ULYSSE DANS ITHAQUE.

Ulyffe, jeté par la tempête fur l'île de Schérie, fut accueilli par le roi Alcinoüs qui lui fit de riches préfents & lui donna un vaiffeau pour fe rendre à Ithaque. Les matelots fe rangent fur les bancs & détachent le câble de la pierre trouée; ils s'inclinent & frappent la mer de leurs rames; le vaiffeau part avec viteffe; derrière lui retentiffent au loin les vagues émues de la mer agitée. Dès que l'aurore paraît le navire approche du rivage de l'île.

Les Phéaciens dépofèrent fur la plage Ulyffe enfeveli dans un profond fommeil; ils placent auprès de lui le coffre précieux où font renfermés les vêtements & les autres richeffes dont Alcinoüs lui fit préfent; ils dépofèrent auffi les trépieds d'or, les urnes & les baffins que lui donnèrent les princes des Phéaciens.

A fon réveil, Minerve s'offre à lui : « Je viens, dit-elle à Ulyffe, pour concerter un plan avec toi, pour cacher les richeffes que les illuftres Phéaciens te donnèrent lors de ton départ, & pour te dire tout ce que le deftin te réferve de douleur dans ton fuperbe palais.

« Au fommet du rivage du port de Phorcyne s'élève l'olivier au feuilles allongées; tout près eft un antre agréable & profond, retraite facrée des nymphes, qui font appelées Naïades. Cachons promptement tes richeffes dans le fond de cet antre. »

Minerve pénètre dans la grotte profonde & s'empreffe d'y chercher un réduit caché. Près d'elle, Ulyffe portant toutes les richeffes, l'or, l'airan folide & les fuperbes vêtements que lui donnèrent les Phéaciens, les dépofe foigneufement; puis, la fille de Jupiter place une pierre devant l'entrée.

Odyffée, chant XIII.

Le fite indiqué eft la vue des lieux où s'eft paffée la fcène; on peut remarquer l'entrée étroite de la grotte que montre Minerve. Le vaſte intérieur de cette grotte offre aux regards des ſtalactites qui deſcendent de la voûte juſque ſur le ſol, & des réduits myſtérieux où Ulyſſe a pu cacher ſes tréſors; au bas de la colline eſt le port de Phorcyne; à ſon extrémité s'élève le mont Aïto, autour duquel la ville était bâtie en amphithéâtre. Au ſommet de ce mont était le palais d'Ulyſſe, dont les murs d'enceinte cyclopéens exiſtent encore.

PL. XIII.

HESIODE.

Le père d'Héſiode demeurait à Cyme, ville d'Eolide en Aſie, où, ayant mal fait ſes affaires & ſe voyant contraint de quitter le lieu de ſa naiſſance, il paſſa dans la Grèce & s'arrêta en un petit bourg de Béotie nommé Aſcra, où naquit notre poëte, contemporain d'Homère, au neuvième ſiècle avant J.-C.

Anacharſis, ſuivi de ſon ami Philotas, viſitant la Béotie, s'exprime ainſi :

« Nous étions ſur l'Hélicon, un ſentier étroit nous conduiſit au bois ſacré des Muſes. Nous nous arrêtâmes auprès de la ſtatue de Linus, l'un des plus anciens poëtes de la Grèce ; elle eſt placée dans une grotte comme dans un petit temple. Bientôt nous pénétrâmes dans de belles allées, nous nous crûmes tranſportés à la cour brillante des Muſes. Leurs ſtatues s'offrent aux yeux des ſpectateurs, Mélétê, Mnêmê, Aulê, c'eſt-à-dire la méditation, la mémoire, le chant. Ici, Apollon & Mercure ſe diſputent une lyre ; là, reſpirent encore des Poëtes, des Muſiciens célèbres, Thamyris, Arion, Héſiode, Orphée.

« De toutes parts s'élèvent des trépieds de bronze, noble récompenſe des talents couronnés dans les combats de poéſie & de muſique. Ce ſont les vainqueurs qui les ont conſacrés eux-mêmes. On y diſtingue celui qu'Héſiode avait remporté à Chalcis, en Eubée, & qu'il conſacra aux Muſes de l'Hélicon.

« Entre des bords fleuris coulent le Permeſſe & la fontaine Hippocrène dont les eaux, comme celles de la fontaine Caſtalie, donnent des inſpirations poétiques. »

Anacharſis, ch. XXXIV.

PL. XIV.

LA MORT D'UNE LESBIENNE.

Les Lesbiens étaient adonnés au culte de la poésie & de la musique; ils y avaient fait de si grands progrès que les Grecs disaient qu'aux funérailles des Lesbiens, les Muses en deuil faisaient retentir les airs de leurs gémissements.

Anacharsis, ch. III.

C'est à Lesbos qu'abordèrent la tête & la lyre d'Orphée, jetés dans l'Hèbre, fleuve de Thrace, par les Bacchantes. Pendant le trajet la voix d'Orphée faisait entendre des sons touchants & soutenus par ceux de la lyre, dont le vent agitait doucement les cordes.

Lesbos donna le jour à Terpandre, qui ajouta trois cordes à la lyre; à Arion, sauvé par un dauphin attiré par les accords de sa lyre auprès du vaisseau qui le portait; à Phrynis qui, le premier, fit entendre à Athènes les sons de la lyre; au poëte Leschès; à Alcée; à Erinne & à Sapho, dont le nom n'est obscurci par aucune autre renommée.

Pl. XV.

CALLIMAQUE ET LE TOMBEAU D'UNE JEUNE FILLE DE CORINTHE.

Vitruve rapporte qu'une jeune fille de Corinthe étant morte, fa mère pofa fur fon tombeau un panier renfermant quelques petits vafes que cette jeune fille avait aimés & le recouvrit d'une tuile. Ce panier ayant été placé par hafard fur les racines d'une plante d'acanthe, fes feuilles, en s'élevant le long des côtés du panier, rencontrèrent les bords de la tuile qui forcèrent les feuilles de fe recourber.

Le fculpteur Callimaque, paffant auprès de ce tombeau, frappé de l'afpect gracieux de ces objets réunis, en compofa le chapiteau qu'on appela Corinthien.

Vitruve, liv. 4.

Cette vue eft prife dans l'ifthme de Corinthe, on voit au delà du golfe, la ville de Corinthe & le temple de Minerve-Chalinitis adoffés à l'Acrocorinthe.

La mère s'éloigne après avoir dépofé quelques fleurs fur le tombeau de fa fille.

Callimaque, né à Corinthe, 540 ans avant J.-C.

PL. XVI.

THEMISTOCLE CHEZ ADMETE.

Les Athéniens, envieux de la gloire de Thémiſtocle, prêtaient volontiers l'oreille aux calomnies que l'on débitait contre lui, ils le bannirent d'Athènes.

Thémiſtocle, ſe voyant pourſuivi par les Athéniens & les Lacédémoniens, prit le parti, auſſi incertain que périlleux, de ſe réfugier en Epire, chez Admète, roi des Moloſſes.

Admète avait autrefois demandé un ſervice aux Athéniens, & Thémiſtocle, qui jouiſſait alors du plus grand crédit dans la république, l'avait fait honteuſement éconduire, & l'on ne doutait pas qu'Admète ne ſe vengeât, s'il en trouvait l'occaſion.

Thémiſtocle ſe préſente devant lui comme un ſuppliant, mais d'une façon particulière au pays : il prend entre ſes bras le fils du roi, encore enfant, & il va ſe jeter à ſes genoux devant le foyer. C'eſt la ſupplication que les Moloſſes regardent comme la plus ſacrée & la ſeule qu'il ne ſoit pas permis de rejeter. Ce fut Phthia, femme du roi, qui ſuggéra à Thémiſtocle ce qu'il y avait à faire & qui le plaça elle-même devant le foyer avec ſon fils entre les bras.

Plutarque, *Vie de Thémiſtocle.*

Thémiſtocle, né à Phréas dans l'Attique, en 515 avant J.-C., ſe donne la mort à Magnéſie, par le poiſon, à l'âge de 65 ans.

PL. XVII.

LA MORT D'ALCIBIADE.

Lyfandre, général des Lacédémoniens, ayant pris Athènes & établi dans cette ville trente archontes ou tyrans, Alcibiade n'ofa plus y refter, il fe retira dans un bourg de Phrygie, ayant avec lui la courtifane Timandra qui fut, dit-on, la mère de Laïs qu'on appelait la Corinthienne, mais qui avait été amenée d'Hiccara, petite ville de Sicile.

Critias, l'un des trente tyrans, remontra à Lyfandre que les Lacédémoniens ne feraient jamais affurés de l'empire de la Grèce tant qu'Alcibiade ferait vivant. Ce difcours fit peu d'impreffion fur Lyfandre; mais il lui vint de Sparte un ordre de fe défaire d'Alcibiade, foit qu'on y redoutât fon habileté, foit qu'on voulût feulement faire plaifir à Agis, roi de Lacédémone, dont Alcibiade avait féduit la femme. Lyfandre fit paffer cet ordre à Pharnabafe, gouverneur de Phrygie, pour le faire exécuter. Ceux qu'on avait envoyés pour tuer Albibiade n'ofèrent pas entrer dans la maifon, ils l'environnèrent & ils y mirent le feu. Alcibiade s'en aperçoit, il ramaffe tout ce qu'il peut de hardes & de tapifferies & il les jette fur le feu; puis, s'entourant le bras gauche de fon manteau, il s'élance, l'épée à la main, à travers les flammes. A fa vue, tous les barbares s'écartèrent, aucun d'eux n'ofa en venir aux mains avec lui, mais ils l'accablèrent de loin fous les flèches & les traits, & ils le laiffèrent mort fur la place.

Timandra enleva fon corps, l'enveloppa de fes propres vêtements, l'enfevelit & lui fit des funérailles dignes de lui.

Plutarque, *Vie d'Alcibiade.*

Alcibiade, né à Athènes 450 ans avant J.-C., mort 404 ans avant J.-C.

BIBLIOTHÈQUE IMPÉRIALE IMPR.

PL. XVIII.

DAMON ET PHINTIAS.

Dans une des îles de la mer Egée, au milieu de quelques peupliers antiques, on avait élevé un autel à l'Amitié. Deux Syracuſains, Damon & Phintias, vinrent ſe proſterner devant la Déeſſe : « Je reçois votre hommage, leur dit-elle ; allez montrer au tyran de Syracuſe, à l'univers, à la poſtérité, ce que peut l'amitié dans des âmes que j'ai revêtues de ma puiſſance. »

A leur retour à Syracuſe, Denys, ſur une ſimple dénonciaton, condamna Phintias à la mort. Celui-ci demanda qu'il lui fût permis d'aller régler des affaires importantes qui l'appelaient dans une ville voiſine ; il promit de ſe préſenter au jour marqué & partit après que Damon eut garanti cette promeſſe au péril de ſa propre vie.

Cependant, les affaires de Phintias traînent en longueur. Le jour deſtiné à ſon trépas arrive. Damon marche tranquillement à la mort. Déjà le moment fatal approchait, lorſque mille cris tumultueux annonçèrent l'arrivée de Phintias. Il court, il vole au lieu du ſupplice, il voit le glaive ſuſpendu ſur la tête de ſon ami ; &, au milieu des embraſſements & des pleurs, ils ſe diſputent le bonheur de mourir l'un pour l'autre. Le Roi ſe précipite alors du trône & leur demande inſtamment de partager une ſi belle amitié.

Anacharſis, ch. LXXVIII.

Damon & Phintias vivaient ſous Denys le Jeune, 400 ans avant J.-C.

PL. XIX.

LE LION DE CHERONEE.

En arrivant à la ville de Chéronée, on trouve le Polyandrium où furent enterrés les Thébains qui périrent en combattant contre Philippe. Il n'y a pas d'infcription fur ce monument, mais il eft furmonté d'un lion, ce qui a principalement rapport au courage de ces derniers. On n'y a pas mis d'infcription, je penfe, parce que la fortune ne feconda pas leur valeur.

Paufanias, liv. IX, ch. XL.

Par cette bataille, Philippe acheva la conquête de la Grèce. Alexandre, fon fils, à peine forti de l'enfance, y commanda l'une des deux pointes de l'armée. Elle fe donna le 3 août de l'année 338 avant J.-C.

Ce lion eft en marbre, fes débris renverfés exiftent encore. La hauteur de la tête eft de 1 mètre 10 centimètres. Il eft aifé de reconnaître qu'il était affis & que fa longueur était d'environ 3 mètres 50 centimètres.

La hauteur de la plus grande des deux figures peut fervir d'échelle & donner une idée jufte de la grandeur de ce coloffe.

On me pardonnera d'y avoir tracé une infcription, il y en avait une aux Thermopyles à la mémoire des Spartiates qui avaient péri en combattant contre les Perfes.

L'horizon de ce tableau préfente, à droite, le théâtre, taillé dans le roc, adoffé à l'acropole de Chéronée.

Du même côté, au lointain, eft le commencement de la chaîne du Parnaffe.

PL. XX.

DIOGENE ET ARISTIPPE.

Le philofophe Ariftippe, né à Cyrène, vint à Athènes, attiré par la réputation de Socrate dont il fut difciple. Son naturel s'accommodait aux lieux, au temps & au genre des perfonnes. Il prenait avec les uns & les autres des manières qui convenaient à leur humeur. Il favait fe gouverner comme il faut en toute occafion, prenant le plaifir quand il fe préfentait, & fachant s'en paffer. Auffi plaifait-il à Denys, c'eft pourquoi Diogène l'appelait le chien royal; & Platon lui reprochait de vivre fplendidement.

Diogène, dont la philofophie différait en tout de celle d'Ariftippe, lavait un jour des herbes; voyant paffer Ariftippe, il lui dit : « Si tu avais appris à préparer ta nourriture, tu ne fréquenterais pas la cour des tyrans; & toi, lui répliqua Ariftippe, fi tu favais converfer avec des tyrans, tu n'aurais pas befoin de laver tes légumes. »

Plutarque, *Vie d'Ariftippe*.

Ariftippe floriffait vers 390 ans avant J.-C.

PL. XXI.

PELOPIDAS ET EPAMINONDAS.

Pélopidas, fils d'Hippoclus, était d'une famille noble de Thèbes comme Epaminondas. Ils étaient nés l'un & l'autre avec des difpofitions égales pour tous les genres de mérite, feulement Pélopidas préférait les exercices du corps & Epaminondas ceux de l'efprit ; mais ce qu'il y a en eux de plus grand, c'eft l'amitié qu'ils confervèrent l'un pour l'autre jufqu'à la mort, au milieu de tant de combats, de commandements militaires & de magiftratures politiques qui remplirent leur exiftence.

Dans l'expédition de Mantinée où ils firent partie d'un corps auxiliaire que Thèbes envoyait aux Lacédémoniens, ils étaient près l'un de l'autre dans les rangs de l'infanterie oppofée aux Arcadiens.

Il arriva que l'aile des Lacédémoniens dans laquelle ils fe trouvaient recula, & prefque tous prirent la fuite ; pour eux, ils joignirent enfemble leurs boucliers & ils foutinrent le choc de l'ennemi. Pélopidas recut fept bleffures & il tomba. Epaminondas le crut mort ; il s'élança & fe tint là, debout, couvrant le corps & les armes de fon ami, luttant feul contre une foule & réfolu de mourir plutôt que d'abandonner Pélopidas, gifant dans la pouffière. Déjà lui-même avait reçu un coup de lance dans la poitrine & un coup d'épée dans le bras, & fa pofition était des plus critiques, lorfque arriva de l'autre aile Agefipolis, roi des Spartiates, qui les fauva tous les deux contre toute efpérance.

Plutarque, *Vie de Pélopidas.*

Pélopidas, né à Thèbes, mort aux collines de Cynocéphales, en Theffalie, 364 ans avant J.-C., en combattant contre Alexandre, tyran de Phères.

PL. XXII.

TIMOLEON.

Les Corinthiens, dans la crainte de ſubir une ſeconde fois, par la faute des alliés, le malheur de perdre leur ville, s'étaient décidés à prendre à leur ſolde quatre cents ſoldats étrangers, & ils en avaient donné le commandement à Timophane, frère de Timoléon. Timophane, au mépris de l'honneur & de la juſtice, s'occupa bien vite des moyens de ſe rendre maître abſolu dans la ville.

Il fit périr, ſans forme de procès, un grand nombre des principaux citoyens, & il ſe proclama de ſon propre chef tyran de Corinthe. Timoléon, au déſeſpoir & qui regardait la ſcélérateſſe de ſon frère comme un malheur perſonnel, le preſſa, par ſes remontrances & ſes prières, de renoncer à cette inſenſée & pernicieuſe ambition, & de travailler à réparer ſon tort envers les citoyens. Mais Timophane le repouſſa fort loin & d'une façon mépriſante. Alors Timoléon ſe concerte avec un des parents de Timophane, Eſchylus, frère de ſa femme, & un de ſes amis, le devin Satyrus

Quelques jours paſſés, il va avec eux trouver ſon frère. Tous trois inſiſtent vivement, & le conjurent de prendre enfin un parti ſage & de ſe déporter de la tyrannie. Timophane ne fit d'abord que rire de leurs repréſentations; puis il finit par ſe laiſſer aller à la colère & aux outrages. Alors, Timoléon s'éloigne à quelques pas de lui, ſe couvre le viſage & ſe tient debout, fondant en larmes. Les deux autres tirent leurs épées, ſe jettent ſur Timophane & le tuent.

Plutarque, *Vie de Timoléon*.

Timoléon, général corinthien, né en 410 avant J.-C., mort en 337 avant J.-C. — Le meurtre de Timophane eut lieu en 365.

PL. XXIII.

ALEXANDRE, TYRAN DE PHERES.

Alexandre régnait à Phères, ville de Theffalie. Le trône où il était affis fumait encore du fang de fes prédéceffeurs. On avait vu ce prince cruel entrer à la tête de fcélérats dans les villes alliées, raffembler les citoyens dans la place publique, les égorger & livrer leurs maifons au pillage. Il exerçait fa fureur contre fes propres fujets: les uns étaient enterrés tout en vie, d'autres, revêtus de peaux d'ours ou de fanglier, étaient pourfuivis & déchirés par des dogues. Les habitants vivaient dans l'épouvante; mais lui-même était agité par des craintes dont il agitait les autres. Il paffait les nuits, au haut de fon palais, dans un appartement où l'on montait par une échelle & dont les avenues étaient défendues par un dogue qui n'épargnait que le roi, la reine & l'efclave chargé du foin de le nourrir. Il s'y retirait le foir, précédé par ce même efclave qui tenait une épée nue & qui faifait une vifite exacte de l'appartement.

Thébé, fille de Jafon & époufe d'Alexandre, fe mit à la tête d'une conjuration contre la vie du tyran, foit par haine contre la tyrannie, foit pour venger fes injures perfonnelles.

Ayant fait fon plan, elle avertit fes trois frères, Tifiphonus, Pytholaüs & Lycophron, que fon époux avait réfolu leur perte, &, dès cet inftant, ils réfolurent la fienne.

La veille de l'exécution, elle les tint cachés dans le palais; le foir, Alexandre monte dans fon appartement, fe jette fur fon lit & s'endort. Thébé defcend auffitôt, écarte l'efclave & le dogue, revient avec les conjurés & fe faifit de l'épée fufpendue au chevet du lit. Dans ce moment, leur courage parut chanceler; Thébé les ayant menacés d'éveiller le roi s'ils héfitaient encore, ils fe jetèrent fur lui & le percèrent de plufieurs coups.

Anacharfis, ch. XXXV.

Mort d'Alexandre, tyran de Phères, 357 avant J.-C.

PL. XXIV.

CIMON ET CALLIRHOE.

Efchine raconte à Anacharfis le fait fuivant :

« J'étais dans la Troade avec le jeune Cimon; j'étudiais l'*Iliade* fur les lieux mêmes: Cimon étudiait toute autre chofe. On devait marier un certain nombre de jeunes filles. Callirhoé, la plus belle de toutes, alla fe baigner dans le Scamandre. Sa nourrice fe tenait fur le rivage à une certaine diftance. Callirhoé fut à peine dans le fleuve, qu'elle dit à haute voix : Scamandre, recevez l'hommage que nous vous devons. Je le reçois, répondit un jeune homme qui fe leva du milieu de quelques arbriffeaux. J'étais avec tout le peuple dans un grand éloignement, je ne pus diftinguer les traits de fon vifage; d'ailleurs fa tête était couverte de rofeaux.

« Quatre jours après, les nouvelles mariées parurent avec tous leurs ornements dans une proceffion qu'on faifait en l'honneur de Vénus. Pendant qu'elles défilaient, Callirhoé, apercevant Cimon à mes côtés, tombe tout à coup à fes genoux & s'écrie avec une joie naïve : « O ma nourrice! voilà le Dieu Scamandre, mon premier époux. » La nourrice jette les hauts cris. L'impofture eft découverte. Cimon difparaît; je le fuis de près. Je vois le peuple s'avancer avec des charbons ardents; nous n'eûmes que le temps de nous fauver & de nous embarquer au plus vite. »

Anacharfis, ch. LXI.

L'orateur Efchine était né dans un bourg de l'Attique, l'an 389 avant J.-C.

PL. XXV.

ENTREVUE D'ALEXANDRE ET DE DIOGENE.

Les Grecs étaient aſſemblés dans l'iſthme de Corinthe, & ils avaient arrêté qu'ils ſe joindraient à Alexandre pour faire la guerre aux Perſes. Alexandre fut nommé chef de l'expédition, il reçut la viſite d'une foule d'hommes d'Etat & de philoſophes. Il comptait que Diogène qui vivait à Corinthe en ferait autant, & comme il vit que Diogène ne s'inquiétait nullement de lui, & ſe tenait tranquillement dans le Cranium, il alla le voir. Diogène était couché au ſoleil, & lorſqu'il vit Alexandre venir à lui, il ſe ſouleva un peu & il fixa ſur lui ſon regard. Alexandre le ſalua & lui demanda s'il déſirait quelque choſe. « Oui, répondit Diogène, détourne-toi un peu de mon ſoleil. » Le mépris que lui témoignait Diogène lui inſpira une haute idée de ſa grandeur d'âme, & comme ſes officiers, en s'en retournant, ſe moquaient de Diogène, « Pour moi, dit-il, ſi je n'étais Alexandre, je voudrais être Diogène. »

Plutarque, *Vie d'Alexandre.*

Alexandre naquit à Pella, en Macédoine, 356 ans avant J.-C. ; il mourut à Babylone à l'âge de 32 ans & 8 mois.
Diogène était né à Sinope, 414 ans avant J.-C. ; il mourut à Corinthe, en 324 avant J.-C.

On voyait à Corinthe le tombeau de Laïs, il eſt, dit Pauſanias, ſurmonté d'une lionne tenant un bélier entre ſes pieds de devant, emblème expreſſif de l'opinion des Corinthiens ſur cette célèbre courtiſane.

Laïs était née à Hycare, en Sicile ; elle fut priſe encore enfant par Nicias & par les Athéniens & fut vendue à Corinthe. Sa beauté ſurpaſſa bientôt celle de toutes les courtiſanes de ſon temps.

Les Corinthiens pouſſèrent l'admiration pour elle à un tel point qu'ils prétendaient qu'elle était née à Corinthe.

PL. XXVI.

ALEXANDRE ET LE MEDECIN PHILIPPE.

Alexandre était en Cilicie, il y était retenu par une maladie que les uns attribuaient à fes fatigues & d'autres à un bain trop froid qu'il avait pris dans le Cydnus. Les médecins, perfuadés que le mal était au-deffus de tous les remèdes, n'ofaient lui adminiftrer les fecours néceffaires, craignant, s'ils ne réuffiffaient pas, d'encourir le reffentiment des Macédoniens. Seul Philippe l'Acarnanien furmonta cette crainte. Voyant le roi dans un danger extrême, & fe confiant en l'amitié que lui portait Alexandre, il lui propofa une médecine, & il lui perfuada de la prendre avec confiance.

Sur ces entrefaites, Alexandre reçut une lettre que Parménion lui écrivait du camp, pour l'avertir de fe tenir en garde contre Philippe. Philippe, à l'entendre, féduit par les riches préfents de Darius & par la promeffe d'époufer fa fille, s'était engagé à le faire périr. Le roi lit la lettre, & fans la montrer à aucun de fes amis, il la met fous fon chevet. Quand il en fut temps, Philippe, accompagné des autres médecins, entra dans fa tente avec le remède qu'il portait dans une coupe. Alexandre lui donna la lettre de Parménion, & prenant la coupe, il avala la médecine tout d'un trait, fans laiffer paraître le moindre foupçon. Auffi était-ce un admirable fpectacle de voir ces deux hommes, l'un lifant, l'autre buvant, puis fe regardant l'un l'autre; Alexandre avec un vifage riant & fatisfait témoignant à fon médecin la confiance qu'il avait en lui, & Philippe s'indignant contre la calomnie, prenant les Dieux à témoin de fon innocence. Le remède, en fe rendant le plus fort, commença par abattre le corps, mais les fecours de Philippe lui eurent bientôt fait reprendre fes forces & il fe montra aux Macédoniens dont l'inquiétude ne ceffa que lorfqu'ils l'eurent vu.

Plutarque, *Vie d'Alexandre.*

PL. XXVII

DENYS LE JEUNE ET PLATON.

Héraclide, un des premiers citoyens de Syracufe, fortement foupçonné d'être l'auteur du foulèvement des gardes indignés de ce que le roi voulait diminuer la folde des vétérans, prit la fuite & employa le crédit de fes parents pour effacer les impreffions qu'on avait données au roi contre lui. Théodote, oncle d'Héraclide, avait, en préfence de Platon, obtenu du roi que fon neveu pût fe préfenter fans rifques foit à Syracufe, foit aux environs.

« Le lendemain matin, dit Platon, Théodote & Eurybius entrèrent chez moi, la douleur & la confternation peintes fur leurs vifages. Platon, me dit le premier, vous fûtes hier, témoin de la promeffe du roi. On vient de nous apprendre que des foldats, répandus de tous côtés, cherchent Héraclide ; ils ont ordre de le faifir. Il eft peut-être de retour, venez avec nous au palais. Je les fuivis. Quand nous fûmes en préfence du roi, ils reftèrent immobiles & fondirent en pleurs. Je lui dis, ils craignent que, malgré l'engagement que vous prîtes hier, Héraclide ne coure des rifques à Syracufe, car on préfume qu'il eft revenu. Denys, bouillonnant de colère, changea de couleur. Eurybius & Théodote fe jetèrent à fes pieds, & pendant qu'ils arrofaient fes mains de leurs larmes, je dis à Théodote : raffurez-vous, le roi n'ofera jamais manquer à la parole qu'il nous a donnée. — Je ne vous en ai point donné, me répondit-il, avec des yeux étincelants de fureur. — Et moi, j'attefte les Dieux, repris-je, que vous avez donné celle dont ils réclament l'exécution. Je lui tournai enfuite le dos & me retirai. Théodote n'eut d'autres reffources que d'avertir fecrètement Héraclide, qui n'échappa qu'avec peine aux pourfuites des foldats. »

Anacharfis, ch. XXXIII.

Platon defcendait, par fon père, de Codrus, dernier roi d'Athènes, & de Solon, par fa mère. Vers l'an 361 avant J.-C. il faifait, pour la troifième fois, le voyage de la Sicile. C'eft vers ce temps qu'eut lieu la fcène que nous avons retracée. Platon, devenu l'objet de la haine de Denys, vit ſes jours en danger; il ne dut ſon falut qu'à l'intervention d'Archytas, philoſophe de Tarente, avec lequel il avait lié amitié.

Platon était né dans l'île d'Egine, 429 ans avant J.-C.; il eſt mort en 348 avant J.-C.

PL. XXVIII.

LA MORT DE DEMOSTHENES.

Lorſque Démoſthènes & ceux de ſon parti apprirent qu'Antipater & Crater marchaient ſur Athènes, ils ſe hâtèrent de ſortir de la ville. Antipater envoya pour le prendre Archias qui, informé que Démoſthènes avait trouvé un aſyle dans le temple de Neptune à Calaurie, paſſa dans l'île ſur de petits bateaux ; il débarqua avec une troupe de ſoldats thraces & voulut perſuader à Démoſthènes de ſortir du temple & de venir avec lui trouver Antipater. Démoſthènes arrêtant ſes yeux ſur Archias, aſſis comme il était, « Archias, dit-il, je n'ai jamais cru à tes paroles. » Archias s'emporte & commence à menacer. Démoſthènes alors, prenant ſes tablettes comme pour écrire, porta le roſeau à ſa bouche & il le mordit. « Tu peux maintenant, lui dit-il, jouer le rôle de Créon & faire jeter ce corps ſans ſépulture. » « O Neptune, ajouta-t-il, je ſors encore vivant de ton temple, mais Antipater & les Macédoniens n'ont pas laiſſé ton ſanctuaire même pur de la profanation. » Comme il diſait ces mots, il ſe ſentit trembler & chanceler ; il demanda qu'on le ſoutînt pour marcher, & au moment où il paſſait devant l'autel du Dieu il tomba & rendit l'âme en pouſſant un ſoupir.

Plutarque, *Vie de Démoſthènes*.

Le tombeau de Démoſthènes, ſuivant le témoignage de Pauſanias, était dans l'enceinte du temple de Neptune.

Démoſthènes, né à Péanée, près d'Athènes, 385 ans avant J.-C. ; mort du poiſon dans l'île de Calaurie, 322 ans avant J.-C.

PL. XXIX.

PHRYNE DEVANT LE TRIBUNAL DES HELIASTES.

Efchine raconte qu'aux fêtes d'Eleufis la jeune & charmante Phryné s'étant dépouillée de fes habits & laiffant tomber fes beaux cheveux fur fes épaules, entra dans la mer & fe joua longtemps au milieu des flots. Un nombre infini de fpectateurs couvrait le rivage, quand elle fortit, ils s'écrièrent tous : C'eft Vénus qui fort des eaux.

Nos lois indulgentes fermaient les yeux fur fes fréquentes infidélités & fur la licence de fes mœurs, mais on la foupçonna d'avoir, à l'exemple d'Alcibiade, profané les myftères d'Eleufis. Elle fut déférée au tribunal des Héliaftes ; elle y comparut & à mefure que les juges entraient, elle arrofait leurs mains de fes larmes. Euthias qui la pourfuivait, conclut à la mort. Hypéride parla pour elle. Ce célèbre orateur, qui l'avait aimée, qui l'aimait encore, s'apercevant que fon éloquence ne faifait aucune impreffion, s'abandonna tout à coup au fentiment qui l'animait. Il fait approcher Phryné, enlève le voile qui couvrait fon fein, & repréfente fortement que ce ferait une impiété de condamner à mort la prêtreffe de Vénus. Elle fut acquittée.

Anacharfis, ch. LXI.

Phryné était née à Thefpies, ville de Béotie ; elle vivait vers 328 avant J.-C. Elle fut amie de Praxitèle & lui fervit de modèle pour fa ftatue de Vénus.

Le tribunal des Héliaftes était le premier des tribunaux après l'Aréopage. Les membres de ce tribunal s'appelaient ainfi parce qu'ils fe réuniffaient dans un lieu découvert.

PL. XXX.

LA MORT D'ARCHIMEDE.

Archimède était d'une famille illuftre de Syracufe; il était ami & parent du roi Hiéron. Le Conful Marcellus affiégeait cette ville & s'épuifait en efforts inutiles. Il avait à combattre contre les machines de guerre qu'Archimède inventait chaque jour. Tantôt, c'étaient des poutres qui apparaiffaient tout à coup du haut des murailles, qui s'abaiffaient fur les vaiffeaux & les coulaient à fond; tantôt, c'étaient des mains de fer qui les enlevaient & les plongeaient dans les flots ou qui les brifaient en les laiffant retomber contre les écueils & les pointes des rochers qui bordaient le pied des murs. Ne cefferons-nous donc point, difait Marcellus, de guerroyer contre ce géomètre Briarée, qui furpaffe ces géants mythologiques aux cent bras, en lançant contre nous tant de traits à la fois?

Marcellus ayant enfin, après un long fiége, furpris Syracufe, ordonna, en entrant dans la ville, qu'on épargnât Archimède, qui, tout occupé à réfléchir fur une figure de géométrie, ne s'apercevait ni du bruit des Romains qui couraient par la ville ni de la prife de Syracufe. Tout à coup un foldat fe préfente & lui ordonne de le fuivre devant Marcellus. Archimède le pria d'attendre un moment jufqu'à ce qu'il eût fini l'opération mathématique d'ont il s'occupait; le foldat, ne comprenant rien à ce qu'il lui difait, le perça de fon épée. Marcellus en fut vivement affligé; il repouffa, comme facrilége, le meurtrier d'Archimède; il fit rechercher & traita honorablement les parents de la victime.

Plutarque, *Vie de Marcellus*.

Naiffance d'Archimède, 287 ans avant J.-C.; fa mort, 212 ans avant J.-C.

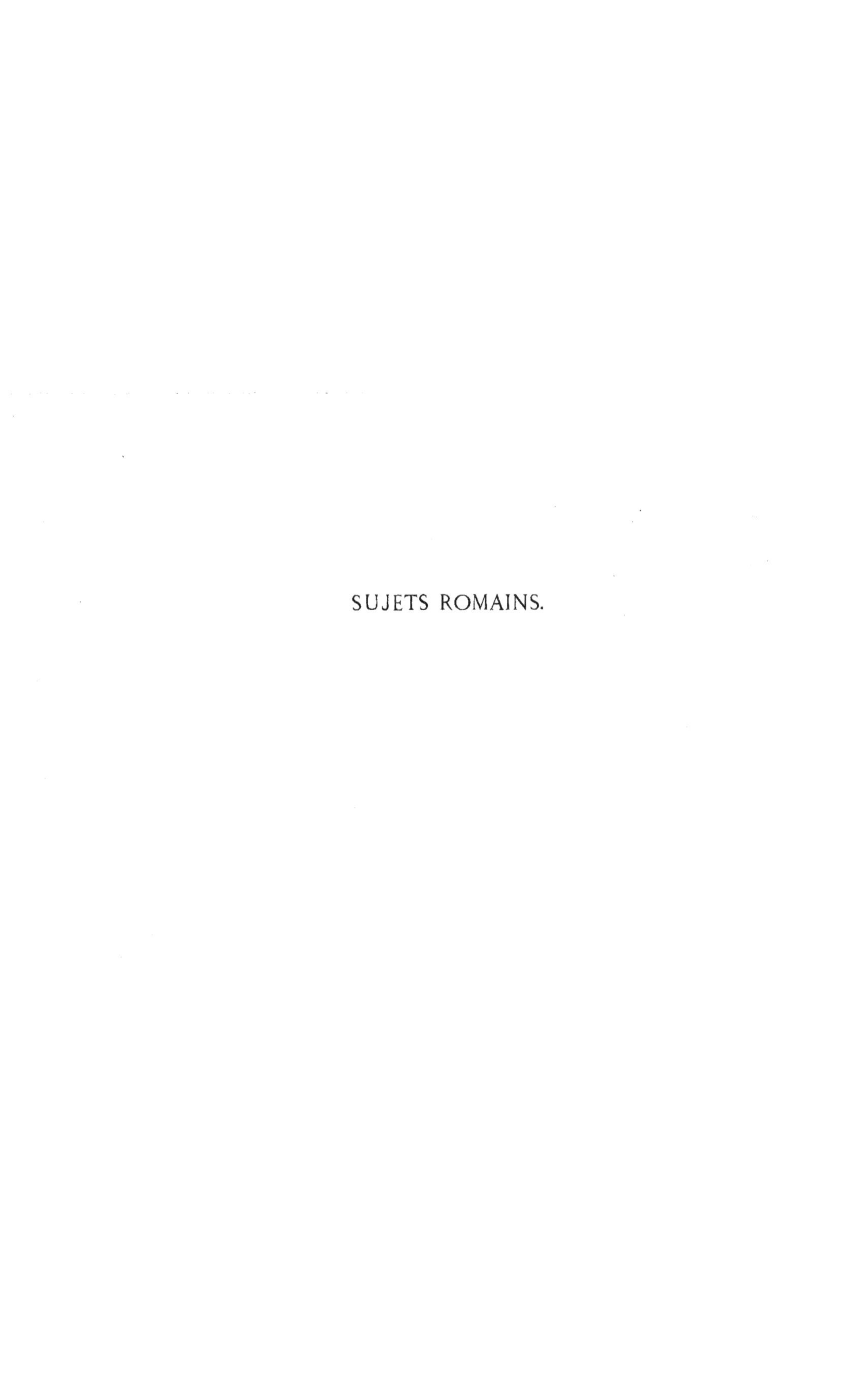

SUJETS ROMAINS.

PL. XXXI.

NUMA POMPILIUS ET LA NYMPHE EGERIE.

Numa, né à Cures, ville du pays ſabin, ſuccéda à Romulus dans le gouvernement de Rome; il était dans la quarantième année de ſon âge lorſque les députés de Rome vinrent le prier d'accepter la royauté de leur ville; Numa repouſſa par de puiſſantes raiſons l'offre qui lui était faite, mais les Romains & les Sabins, réunis en un ſeul peuple, apportèrent des raiſons plus puiſſantes encore & le déterminèrent à accepter la couronne.

Le premier ſoin de Numa fut d'adoucir les mœurs des Romains & de leur donner des lois.

Pour les rendre plus inviolables, il fit intervenir la divinité, en feignant d'avoir des entretiens ſecrets avec la nymphe Egérie, qu'il allait conſulter dans ſa grotte profonde, ſituée auprès de Rome, dans le bois d'Aricie.

Numa, né en 753 avant J.-C.; mort, en 671, à l'âge de 82 ans.

PL. XXXII.

UNE VESTALE.

Les Veftales étaient des vierges confacrées au culte de Vefta, leur emploi était de garder le feu perpétuel. Elles avaient été inftituées par Numa, qui leur accorda de grands priviléges, mais le viol de leur vœu de virginité était puni de mort. Tarquin l'Ancien les condamna à être enterrées vivantes.

Près de la porte Colline, à Rome, il y a un tertre d'une affez longue étendue, on y a conftruit un petit caveau où l'on defcend par une ouverture pratiquée à la furface du terrain.

La veftale condamnée à ce fupplice eft apportée dans une litière parfaitement clofe. Le grand Pontife, avant l'exécution, fait certaines prières fecrètes; il tire de la litière la patiente couverte d'un voile, & la place fur l'échelle par où l'on defcend dans ce caveau, où l'on a mis un lit, une lampe allumée, du pain, de l'eau, un pot de lait & un peu d'huile.

Lorfqu'elle eft arrivée au bas, on remonte l'échelle & l'on recouvre le caveau en y amoncelant de la terre jufqu'à ce qu'elle foit de niveau avec le refte du champ.

Plutarque, *Vie de Numa*.

PL. XXXIII.

LES FALISQUES.

Furius Camillus, qui exerça cinq fois la dictature dans Rome, affiégeait Falerie, ville d'Etrurie, entourée de hautes murailles, & le fiége traînait en longueur.

Les citoyens, confiants dans la force de leurs remparts, vaquaient à leurs affaires & envoyaient leurs fils chez l'inftituteur public comme dans un temps de paix.

Celui-ci forma l'odieux projet de livrer les Falifques en livrant leurs fils aux Romains. Les ayant donc un jour conduits hors de la ville, dans le but annoncé de quelques exercices, s'étant approché des fentinelles romaines, il remit les enfants entre leurs mains & demanda qu'on le préfentât à Camille. On l'y conduifit, & quand il fut en fa préfence, « Je fuis, dit-il, le maître d'école de Falerie; j'ai préféré à mon devoir le plaifir de t'obliger, & je fuis venu te livrer mes élèves, c'eft te rendre le maître de la ville. »

Camille fut révolté de cette noire perfidie; il commanda aux licteurs de déchirer les vêtements de cet homme, de lui lier les mains derrière le dos, & de donner des verges & des courroies aux enfants afin de châtier le traître en le ramenant dans la ville.

A ce fpectacle, tous les citoyens, pénétrés d'une vive admiration pour Camille, fe livrèrent, eux & leurs biens, à fa difcrétion.

Plutarque, *Vie de Camille.*

Prife de Falerie, 394 ans avant J.-C. — Naiffance de Camille, 446 ans avant J.-C.; fa mort, l'an 365.

PL. XXXIV.

PAPIRIUS.

Brennus, à la tête des Gaulois, parut devant Rome; les Romains prirent le parti défefpéré d'abandonner la ville, mais les prêtres & les vieillards qui avaient été confuls ne purent fe réfoudre à la quitter; ils fe revêtirent de leurs habits facrés, &, fe vouant en facrifice à leur patrie, ils attendirent dans le Forum, fur leurs fiéges d'ivoire, le fort que les Dieux leur réfervaient.

Brennus, maître de Rome, fit environner le Capitole par un corps de troupes, & il defcendit vers le Forum. Là il fut faifi d'admiration, à la vue de ces vieillards affis dans un profond filence & qui reftèrent immobiles à l'approche des ennemis, fans donner le moindre figne de crainte, fe regardant les uns les autres, tranquillement appuyés fur leurs bâtons. Ce fpectacle extraordinaire frappa tellement les Gaulois, qu'ils n'ofèrent, pendant longtemps, ni les approcher ni les toucher, les prenant pour des êtres divins. Enfin l'un d'eux fe hafarda d'approcher de Manius Papirius, lui paffa doucement la main fous le menton & lui prit la barbe, qui était fort longue. Papirius, offenfé, frappe le Gaulois d'un coup de bâton à la tête & le bleffe; le barbare tire fon épée & tue Papirius.

Alors les Gaulois fe jettent fur les autres vieillards & les maffacrent tous; puis il font main-baffe fur tout ce qui s'offrait à eux; ils ruinèrent la ville & égorgèrent hommes, femmes, vieillards & enfants.

Enfin Camille, ayant réuni un corps de troupes, fe préfenta aux portes de Rome & la délivra des Gaulois.

Plutarque, *Vie de Camille*.

Prife de Rome par les Gaulois, 387 ans avant J.-C.

PERSEE, DERNIER ROI DE MACEDOINE.

Perſée avait déclaré la guerre aux Romains. Le conſul Paul-Emile fut envoyé contre lui. Perſée, ayant été défait à Pydna, ville de Macédoine, s'enfuit à Samothrace, île voiſine de ſes états, emportant avec lui ſes tréſors, & ſe réfugia dans le temple des Dioſcures. Le vainqueur le ſuivit à Samothrace, il ne voulut point, par reſpect pour les Dieux, violer l'aſyle de Perſée, mais il s'occupa de lui ôter les moyens de s'embarquer & de prendre la fuite.

Mais Perſée gagna ſecrètement un Crétois nommé Oroandès, qui avait un petit vaiſſeau, & qui conſentit à le recevoir à ſon bord lui & ſes richeſſes. Il embarqua, à la faveur de l'obſcurité, tout ce que Perſée avait de précieux, & lui dit de ſe rendre, vers le milieu de la nuit, avec ſes enfants, au port qu'il lui déſigna. Perſée, ainſi que ſes enfants & ſa femme, ayant enduré de cruelles tortures à deſcendre par une petite fenêtre le long du mur de la ville, apprit que, dès le ſoir, Oroandès avait mis à la voile & qu'il cinglait en pleine mer. Le jour commençait à poindre, tout eſpoir était perdu ; il ſe mit donc à fuir vers la muraille le long de laquelle il était deſcendu; il avait gagné ſon refuge avant que les Romains, qui l'avaient aperçu, puſſent l'atteindre. Pour ſes enfants, il les avait remis à Ion, l'un de ſes favoris, mais Ion trahit alors Perſée en livrant ſes fils à ſes ennemis. Perſée ſe vit réduit à ſe rendre lui-même à la diſcrétion de ceux qui tenaient ſes enfants entre leurs mains.

Perſée demanda à être conduit à Paul-Emile, & celui-ci, s'attendant à trouver en Perſée un homme d'un grand cœur, était ſorti de ſa tente & s'avançait à ſa rencontre accompagné de ſes amis. Mais Perſée donna un humiliant ſpectacle; il ſe proſterna le viſage contre terre, embraſſa les genoux de Paul-Emile, & proféra des paroles ſi déshonorantes, que Paul-Emile ne put ni les ſouffrir ni les entendre, & jeta ſur le roi un regard de triſteſſe & d'indignation.

Néanmoins Paul-Emile releva Perfée, le prit par la main & le remit à Tuberon ; puis, emmenant dans fa tente les fils & les gendres de Perfée, il les entretint de l'inconftance de la fortune qui avait précipité dans le malheur les fucceffeurs de cet Alexandre, dont la puiffance s'était élevée à un fi haut degré.

De retour à Rome, Paul-Emile reçut les honneurs du triomphe, où parurent en captifs Perfée & fes fils.

Plutarque, *Vie de Paul-Emile*.

Défaite de Perfée, 168 ans avant J.-C. — Naiffance de Paul-Emile, 227 ans avant J.-C. ; fa mort, en 158.

PL. XXXVI.

LA MORT DE POMPEE.

Pompée, vaincu par Céfar à la mémorable bataille de Pharfale, fit voile pour l'Egypte, efpérant y trouver un refuge auprès de Ptolémée Auletès qu'il avait rétabli fur fon trône.

Arrivé près d'Alexandrie, Pompée fit jeter l'ancre, attendant l'accueil de Ptolémée.

Ce roi venait d'en délibérer avec fes confeillers, Photin, Theodotus & Achillas, & de conclure à la mort de Pompée, dans l'efpoir de fe rendre Céfar favorable.

Achillas & deux Romains, Septimius & Salvius, fe rendent auprès de Pompée & l'invitent à paffer dans leur barque, alléguant les fables de la côte qui ne permettaient pas à un plus grand vaiffeau d'approcher.

Pompée embraffe Cornélie, fon époufe, qui était en proie aux plus vives inquiétudes, defcend dans l'efquif & s'éloigne.

Près d'aborder, Pompée fe lève. Dans cet inftant, Septimius lui porte un premier coup par derrière, Achillas & Salvius, tirant leurs épées, fe jettent fur lui. Pompée alors fe couvre le vifage avec fa toge, garde le filence & fe livre à leurs coups.

Cornélie, à cet affreux fpectacle, pouffe de longs cris, puis tombe évanouie entre les mains de fes femmes, & les matelots, fe hâtant de lever l'ancre, prennent la fuite.

Céfar ne tarda guère à arriver en Egypte; on lui préfenta la tête de Pompée dont il fe détourna avec horreur. Il fit mettre à mort Achillas & Photin; Theodotus fe déroba par la fuite à fa vengeance, mais il trouva la mort en Afie. Brutus, l'ayant découvert, le fit expirer dans les tourments les plus cruels.

Philippe, affranchi de Pompée, rendit à fon maître les devoirs funèbres, & fes cendres, qu'il recueillit dans une urne, furent portées à Cornélie, qui les dépofa dans un tombeau.

Plutarque, *Vie de Pompée.*

Pompée mourut, l'an 48 avant J.-C., à l'âge de 53 ans.

PL. XXXVII.

HOMMAGE A TIBULLE

Aulus Albius Tibullus, de l'une des plus illuſtres familles de Rome, naquit l'an 44 avant J.-C.

Il ſuivit d'abord Meſſala, ſon protećteur, dans la guerre de Corcyre, mais les fatigues des camps n'étaient pas compatibles avec la délicateſſe de ſon organiſation, il quitta le métier des armes & retourna à Rome, où il ſe livra à la poéſie. Ses élégies reſpirent la ſenſibilité & la douce mélancolie; elles ſont remarquables par l'élégance & la pureté du ſtyle & par la délicateſſe avec laquelle le ſentiment y eſt exprimé : c'eſt le livre des cœurs tendres.

Tibulle fut l'ami d'Ovide & d'Horace & le favori d'Auguſte.

Sa mort arriva 17 ans avant J.-C., peu de temps après celle de Virgile.

PL. XXXVIII.

APPARITION A MARCUS BRUTUS.

Après le meurtre de Céfar, Brutus & Caffius étaient paffés à Sardes. Comme ils fe difpofaient à quitter l'Afie avec toute l'armée, Brutus eut un figne extraordinaire: par une nuit fort obfcure, il était dans fa tente éclairée par une faible lumière; un filence profond régnait dans tout le camp, & lui-même était plongé dans fes réflexions. Il lui fembla voir entrer quelqu'un dans fa tente; il tourne les yeux vers la porte & il voit un fpectre horrible, dont la figure était étrange & effrayante, qui s'approche de lui & fe tient là en filence. Brutus eut le courage de lui adreffer la parole: « Qui es-tu, lui demanda-t-il, un Dieu ou un homme, & qui t'amène ici? » Le fantôme lui répondit: « Je fuis ton mauvais génie, Brutus, & tu me verras près de la ville de Philippes. » Brutus, fans fe troubler, lui répondit: « Hé bien, je t'y verrai donc. » Le fantôme auffitôt difparut.

La nuit qui précéda la bataille de Philippes, que perdit Brutus, le même fantôme qui lui était déjà une fois apparu fe préfenta derechef à lui, avec les mêmes forme & figure & difparut fans lui dire mot.

Après la perte de la bataille, gagnée par Antoine & Octave, Brutus fe perça de fon épée.

Plutarque, *Vie de Marcus Brutus.*

M. Brutus, né à Rome, 79 ans avant J.-C., mort devant Philippes, 42 ans avant J.-C.

PL. XXXIX.

CLEOPATRE AU TOMBEAU D'ANTOINE.

Après la bataille d'Actium, qui donna l'empire du monde à Octave, Marc-Antoine, vaincu, s'enfuit en Egypte, accompagné de la reine Cléopâtre, fon époufe, dont il était devenu éperdûment amoureux lors de fa première defcente en Egypte.

Octave pourfuivit Antoine & arriva prefque en même temps à Alexandrie, dont il s'empara.

Cléopâtre, ne voulant pas tomber entre fes mains, s'enferma dans un tombeau d'une grande magnificence qu'elle avait fait conftruire près du temple d'Ifis, & fit dire à Antoine qu'elle était morte. Antoine, en apprenant cette nouvelle, à laquelle il ajouta foi, fe perça de fon épée. Cléopâtre le fit porter dans le tombeau où elle était ; elle n'ouvrit point la porte, mais elle parut à une fenêtre, &, de là, au moyen de cordes, & avec l'aide de deux de fes femmes, Iras & Charmium, elle tira à elle Antoine qui refpirait encore. Après une courte entrevue, Antoine l'ayant exhortée à prendre des mefures pour fon falut, rendit le dernier foupir, & Cléopâtre, en pleurant, l'enfevelit de fes propres mains.

Cléopâtre, apprenant qu'Octave était décidé à l'emmener captive à Rome avec fes enfants, lui demanda la permiffion d'aller faire des libations aux mânes de fon époux ; elle fe fit porter à fa fépulture, & là, en préfence de fes deux fidèles fuivantes, fe jetant fur fon tombeau, « Cher Antoine, s'écria-t-elle, naguère encore libre, je t'ai dépofé dans ce dernier afyle, & maintenant captive & réfervée pour une pompe infâmante, je verfe ces libations fur tes triftes reftes. N'attends plus de Cléopâtre d'autres honneurs funèbres, ce font les derniers qu'elle t'offrira. »

Après avoir ainfi exhalé fes plaintes, elle couronna le tombeau de fleurs & le baifa, puis s'étant mife dans un bain, elle préfenta fon bras nu à la morfure d'un afpic & expira.

Ses deux femmes, ne voulant pas furvivre à leur maîtreffe, avaient avalé du poifon ; déjà appefanties par les approches de la mort & pouvant à peine fe foutenir, elles arrangeaient encore le diadème autour de fa tête.

Octave fit dépofer Cléopâtre auprès d'Antoine, avec une magnificence digne de fon rang, & fit faire auffi des obfèques honorables à Iras & Charmium.

Cléopâtre mourut à 39 ans & Antoine à 53 ; elle avait régné 22 ans fur l'Egypte, dont 14 conjointement avec Antoine.

Plutarque, *Vie d'Antoine*.

Mort d'Antoine & de Cléopâtre, 30 ans avant J.-C.

LE CONSUL LUCIUS MUNATIUS PLANCUS FONDE LA VILLE DE LUGDUNUM.

Les Allobroges, peuple qui habitait la contrée ſituée entre le lac Léman, le Rhône, l'Iſère & les Alpes, avaient pour capitale la ville de Vienne.

Les Romains ayant conquis l'Allobrogie, Vienne fut bientôt peuplée d'un grand nombre de Latins qui, à la faveur de la protection romaine, peſaient de tout leur poids ſur les anciens habitants.

Les Latins occupaient toutes les grandes fonctions; ils ruinaient les pères de famille & les réduiſaient à la ſervitude, ainſi que leurs enfants, lorſqu'ils ne pouvaient payer les énormes charges dont ils étaient accablés. Le mécontentement, devenu général dans toute l'Allobrogie, détermina ſes habitants à ſe ſoulever; ils cernèrent la ville de Vienne, & d'accord avec les Allobroges de l'intérieur, ils en chaſſèrent les Latins. Ceux-ci, étant expulſés, remontèrent la rive droite du Rhône juſqu'à ſon confluent avec l'Arar (la Saône).

Dans ce temps, Munatius Plancus, qui fut deux fois conſul, commandait dans les Gaules huit légions campées ſur le territoire des Séguſiens, dont faiſait partie celui de Lugdunum. Le Sénat de Rome lui ordonna d'employer ſes légions à bâtir entre le Rhône & la Saône une ville pour ſervir de refuge aux Latins chaſſés de Vienne.

Tel fut le commencement de Lugdunum, aujourd'hui Lyon, qui devint illuſtre par-deſſus les plus grandes cités gauloiſes. Cette ville reçut le titre de Colonie romaine, ſes citoyens pouvaient aſpirer aux charges de la république & même avoir part aux priviléges des citoyens romains.

Munatius Plancus, né à Tibur, fondateur de Lugdunum, 43 ans avant J.-C.

BIBLIOTHÈQUE DE LA VILLE IMPR.

TABLE

SUJETS GRECS.

PLANCHES.

SUJETS ROMAINS.

Total des planches, 40.

NOTA. — On a réuni dans cet ouvrage les ſujets grecs, puis les ſujets romains. Chacune de ces deux ſéries eſt rangée chronologiquement, à la date exacte des faits qui ſont repréſentés, ou ſuivant l'ordre naturel des temps, lorſque les dates ne pouvaient être préciſées.

BIBLIOTHÈQUE IMPÉRIALE

FIN.

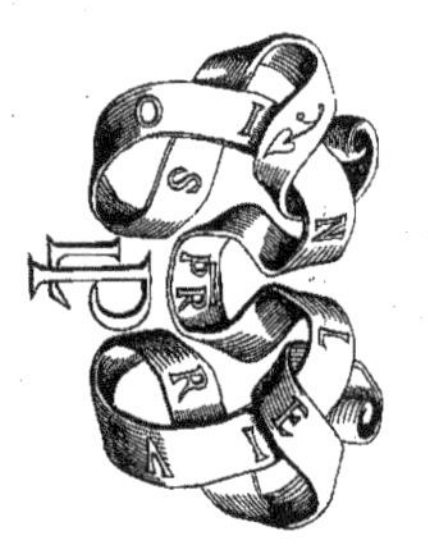

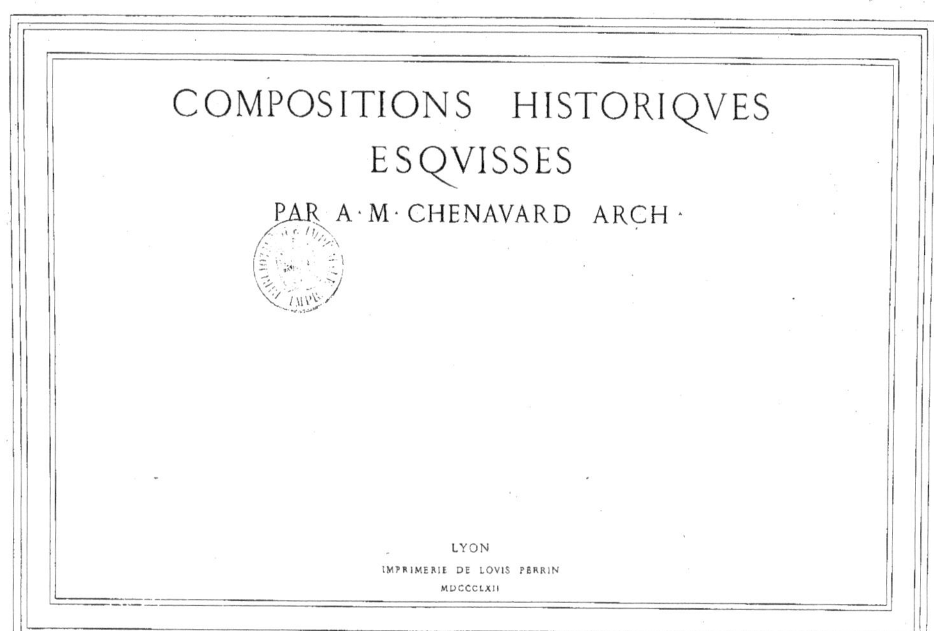

COMPOSITIONS HISTORIQVES
ESQVISSES

PAR A·M·CHENAVARD ARCH·

LYON
IMPRIMERIE DE LOVIS PERRIN
MDCCCLXII

A·M·CHENAVARD·INV· J·SEON·SC·

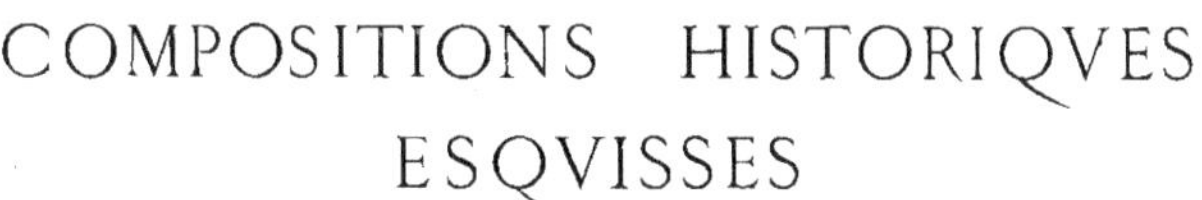

COMPOSITIONS HISTORIQVES
ESQVISSES

PAR A· M· CHENAVARD ARCH·

CHEVALIER DE L'ORDRE DV SAUVEVR
DE GRECE

MEMBRE CORRES·
DE L'INSTITVT IMP
DE FRANCE

AVX LETTRES ET AVX ARTS

ANCIEN PROFESSEVR
A L'ECOLE DES B-ARTS
DE LYON

BIBLIOTHÈQUE IMPÉRIALE
25

LYON
IMPRIMERIE DE LOVIS PERRIN
MDCCCLXII

A·M·CHENAVARD·INV·

I

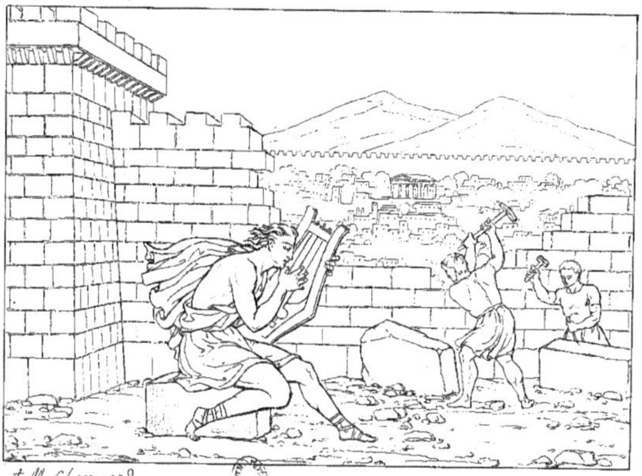

A M Chenavard

AMPHION

25

DUBOUCHET

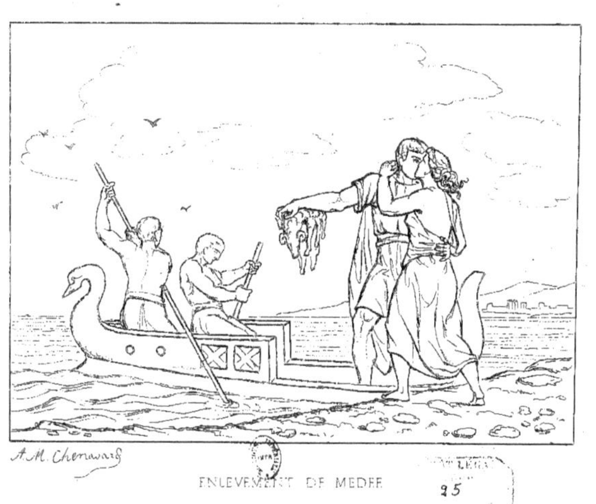

A. M. Chenavard

ENLEVEMENT DE MEDEE

25

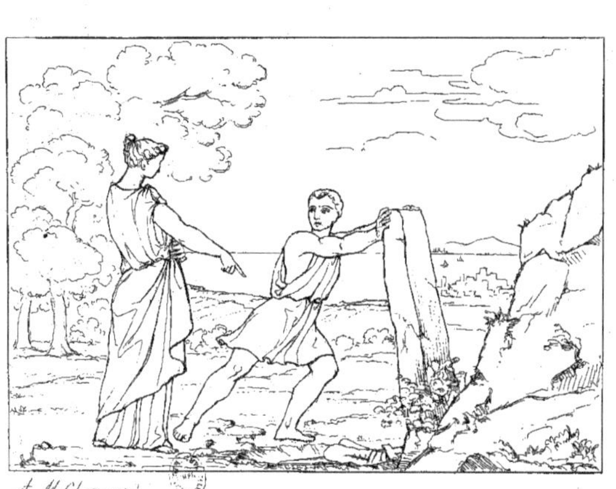

A. M. Chenavard

ÉTHRA DÉCOUVRE A THÉSÉE
LE SECRET DE SA NAISSANCE

DÉPÔT LÉGAL
25

IV

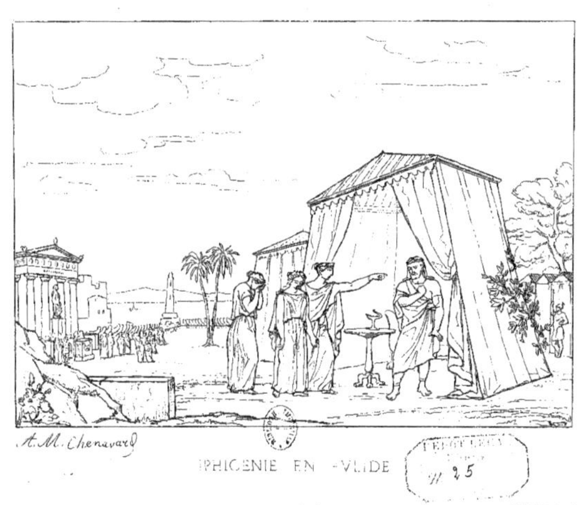

A. M. Chenavard

IPHIGÉNIE EN AULIDE

DÉPÔT LÉGAL
Seine
N° 25

DUBO[illegible]

V

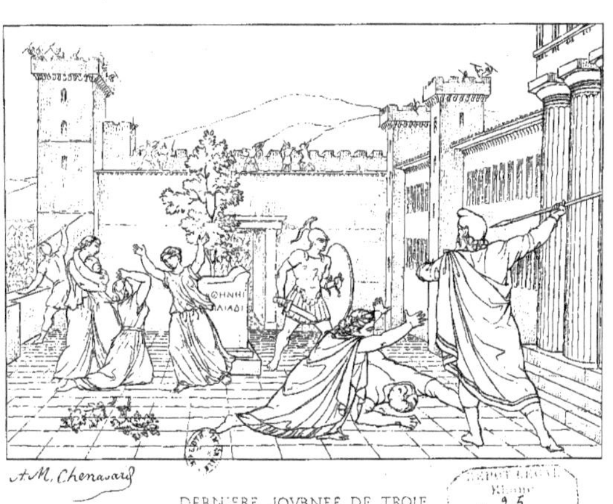

A.M. Chenavard

DERNIERE JOVRNEE DE TROIE

DÉPOT LÉGAL
25

DUFOUCHET SC.

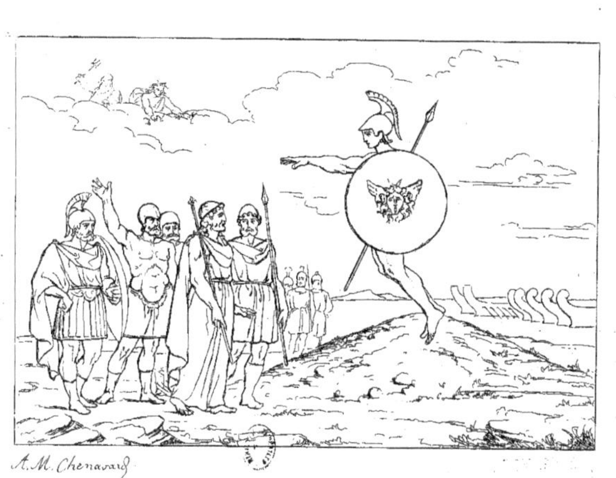

A. M. Chenavard

L'OMBRE D'ACHILLE ANNONCE AVX GRECS
LES MALHEVRS QVI LES ATTENDENT

25

VII

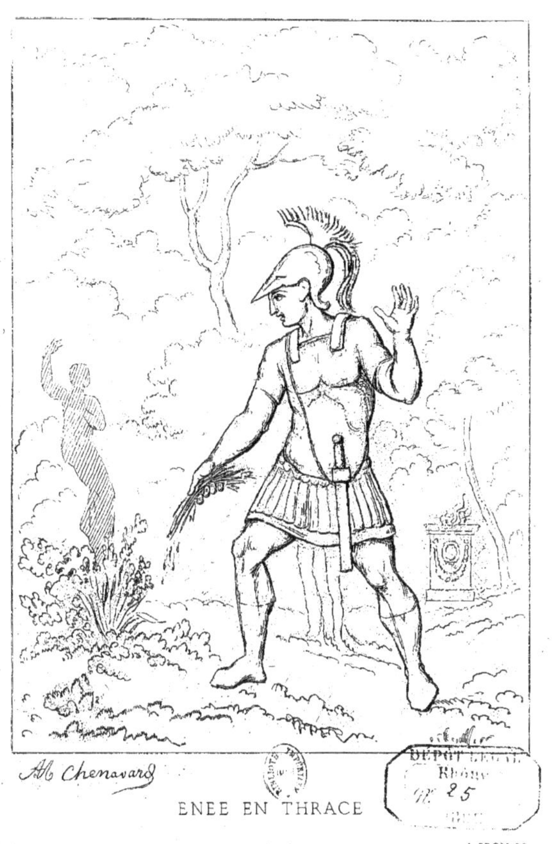

Al. Chenavard

ENÉE EN THRACE

DÉPÔT LÉGAL Rhône N° 25

I. SEON SC.

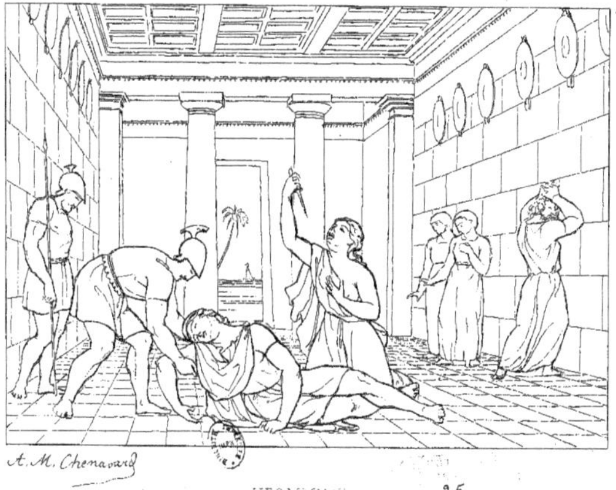

A. M. Chenavard

HERMIONE 25

DUBOUCHET

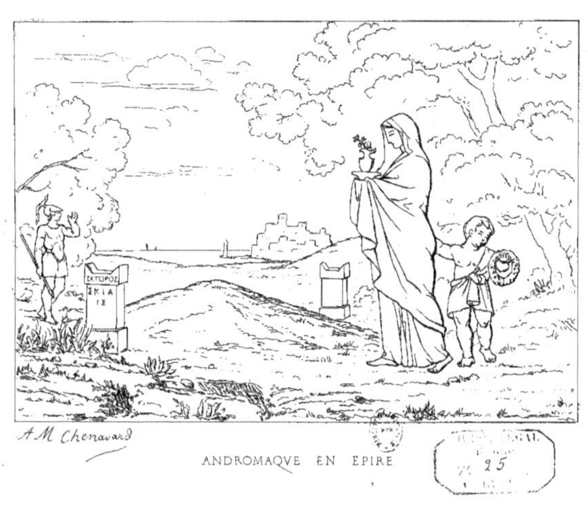

A M Chenavard

ANDROMAQVE EN EPIRE

DÉPÔT LÉGAL
N° 25

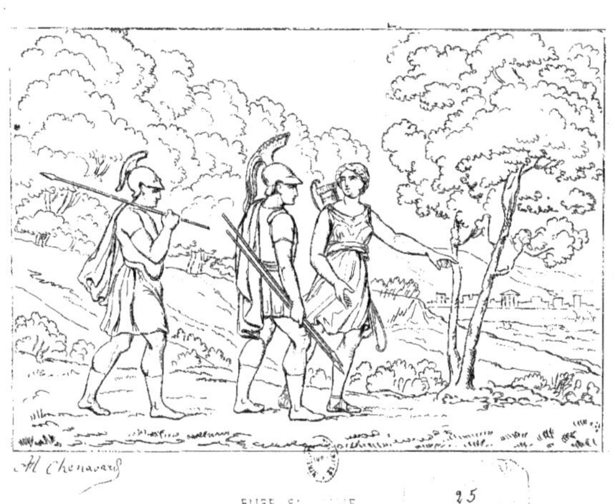

ENÉE [illegible]

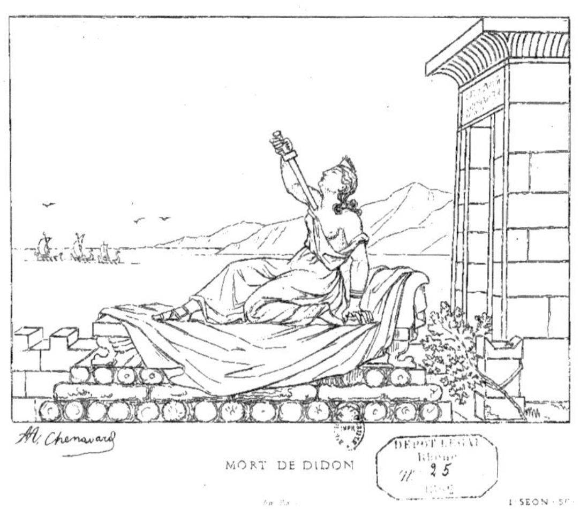

MORT DE DIDON

DÉPOT LÉGAL
Rhône
N° 25

I. SEON Sc.

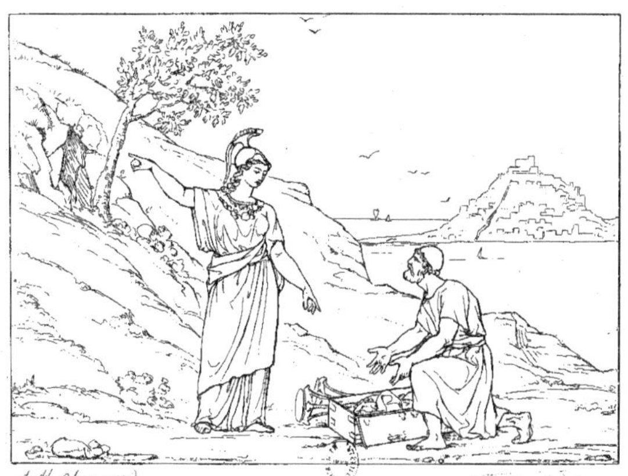

A. M. Chenavard

ARRIVÉE D'ULYSSE A ITHAQUE

25

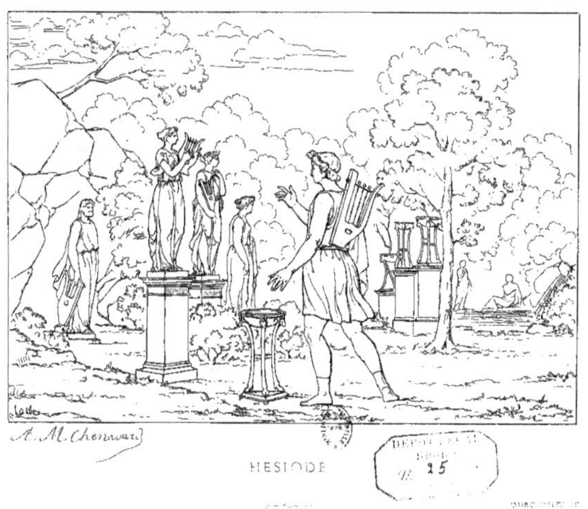

A. M. Chenavard

HESIODE

DEPOT LEGAL
N° 25

XIV

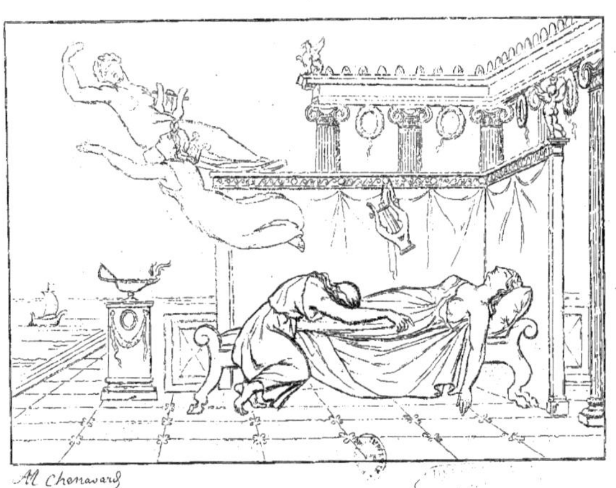

Al Chenavard

MORT D'VNE LESBIENNE

25

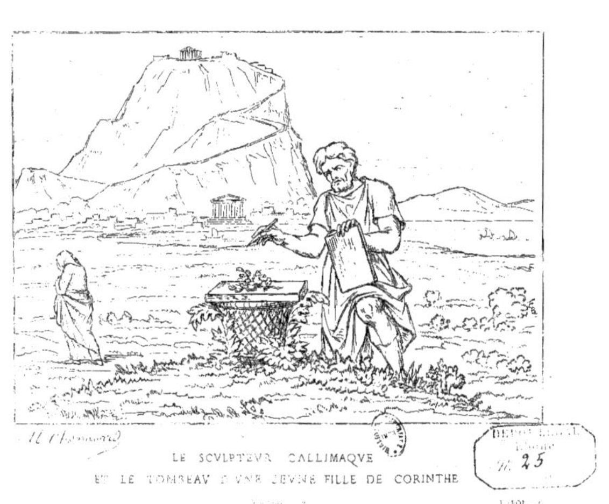

LE SCVLPTEVR CALLIMAQVE
ET LE TOMBEAV D'VNE JEVNE FILLE DE CORINTHE

25

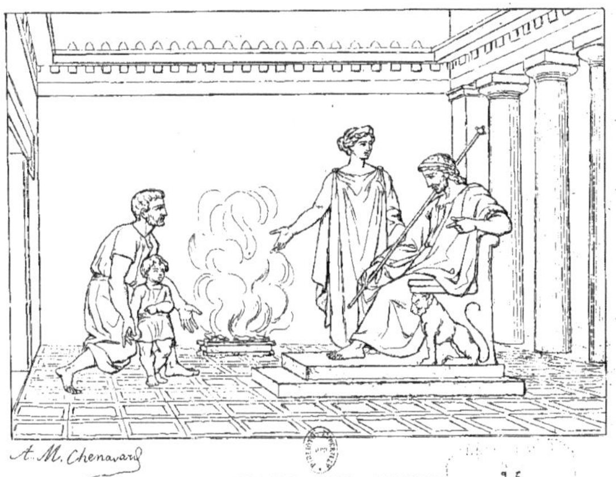

THEMISTOCLE CHEZ ADMETE

XVII

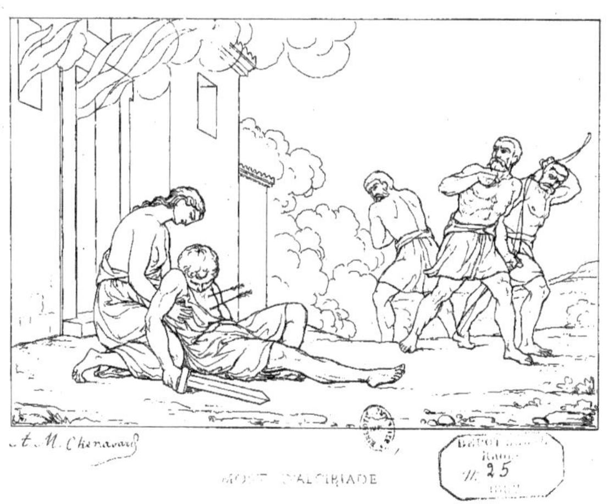

A. M. Chenavard

MORT D'ALCIBIADE

DÉPOT LÉGAL
Rhône
N° 25

XVIII

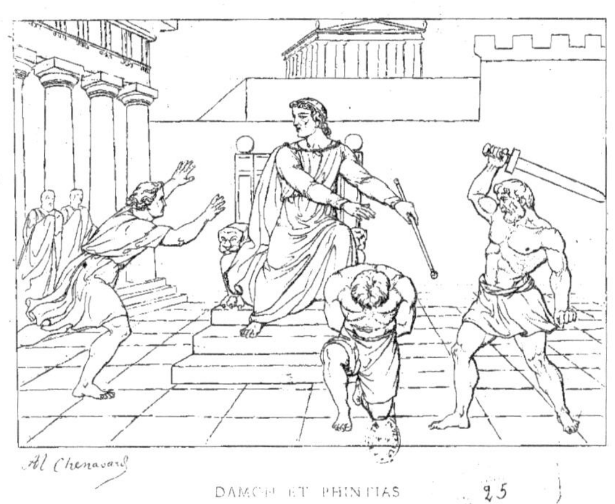

Al. Chenavard

DAMON ET PHINTIAS

25

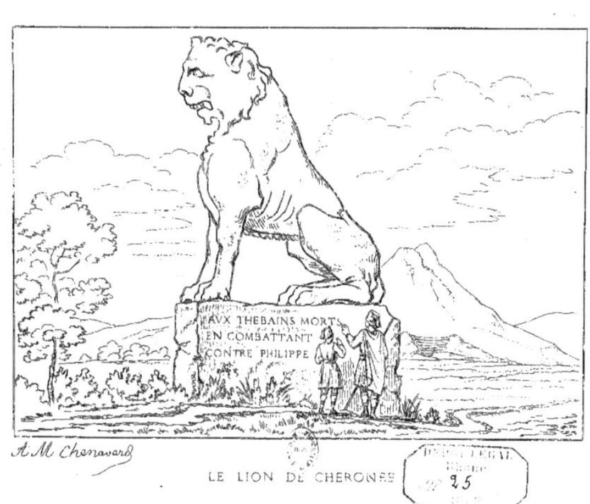

A.M. Chenavard

LE LION DE CHERONEE

DÉPÔT LÉGAL
N° 25

LEON SC

XX

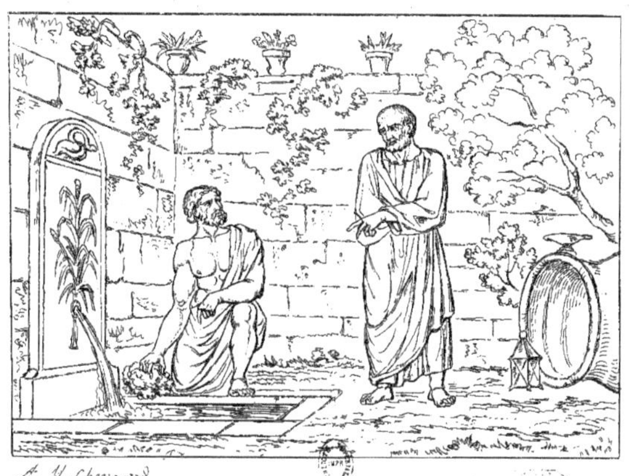

A. M. Chenavard

DIOGÈNE ET ARISTIPPE

25

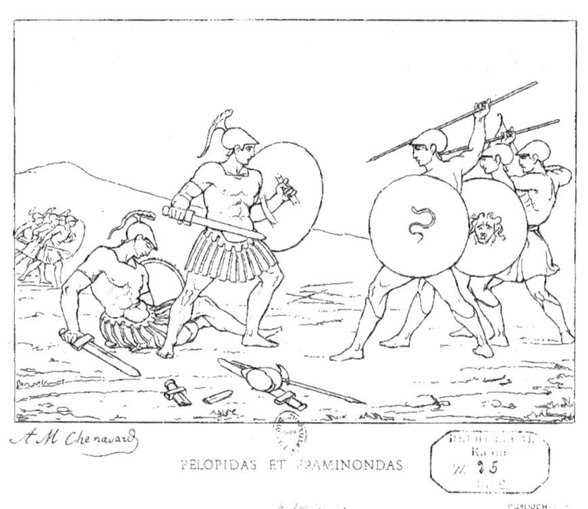

A M Chenavard

PELOPIDAS ET EPAMINONDAS

N. 25

XXII

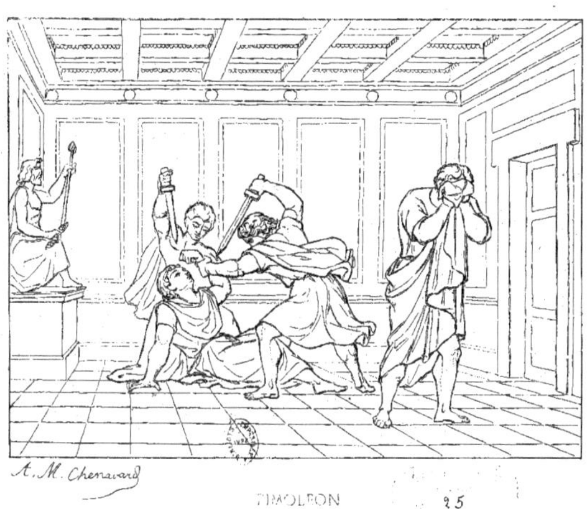

A. M. Chenavard

TIMOLÉON

25

XXV.

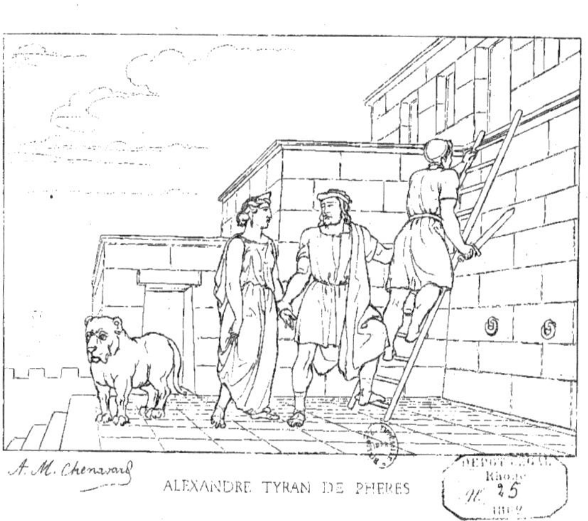

A. M. Chenavard

ALEXANDRE TYRAN DE PHERES

DÉPÔT LÉGAL Rhône N° 25 1882

XXIV

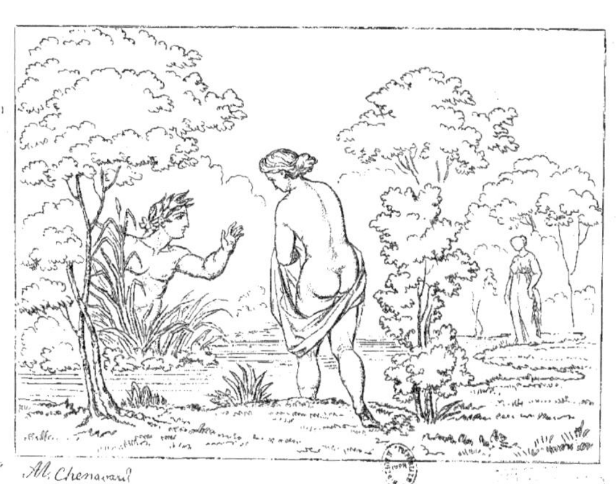

Al. Chenavard

CIMON ET CALLIRHOË

XXV

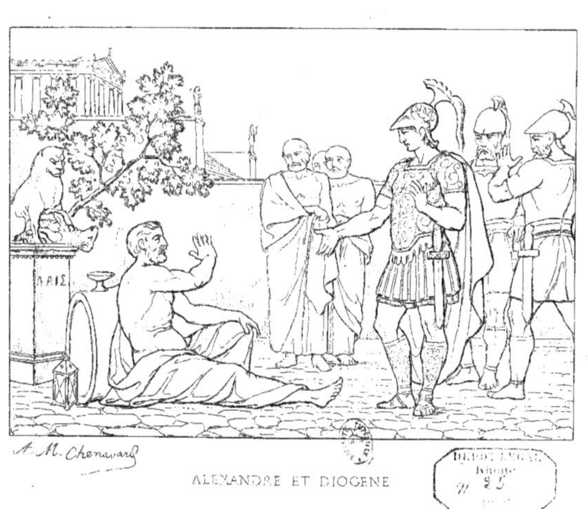

A. M. Chenavard

ALEXANDRE ET DIOGENE

DÉPÔT LÉGAL
Rhône

XXVI

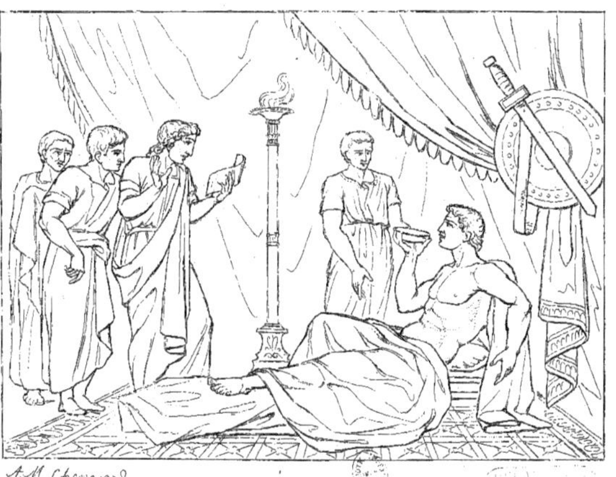
A. M. Chenavard

ALEXANDRE ET LE MÉDECIN PHILIPPE

25

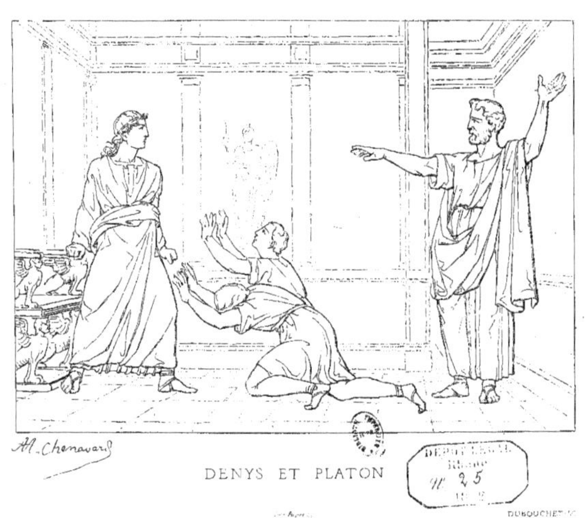

Al. Chenavard

DENYS ET PLATON

DÉPÔT LÉGAL Rhône N° 25

DUBOUCHET sc.

XXVIII

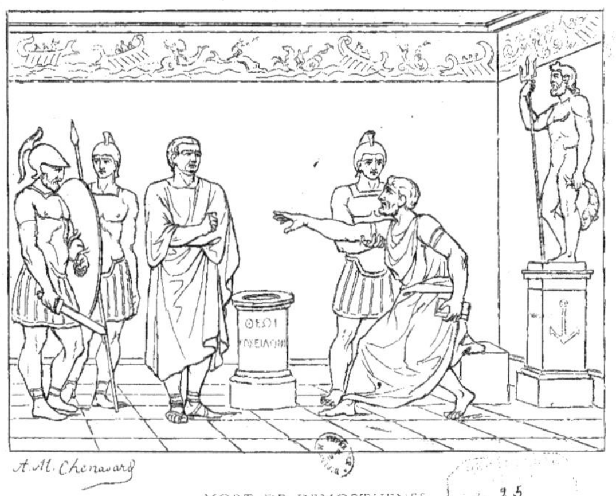

A. M. Chenavard

MORT DE DEMOSTHENES

25

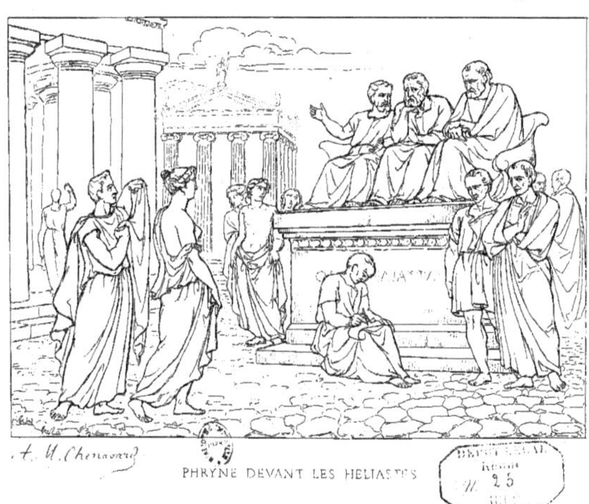

A. M. Chenavard

PHRYNÉ DEVANT LES HÉLIASTES

DÉPÔT LÉGAL
25

XXX

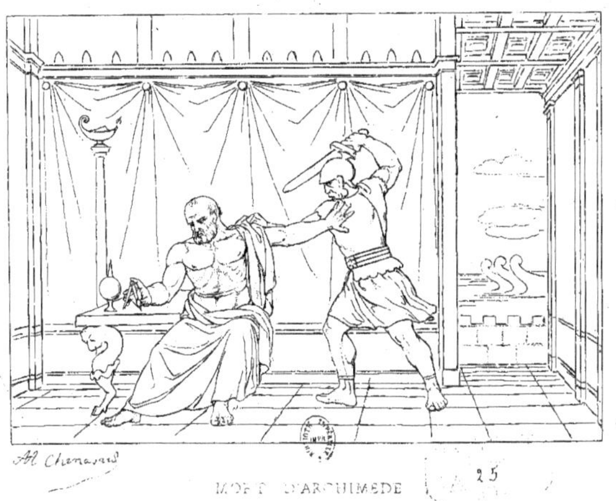

Al. Chenavard

MORT D'ARCHIMEDE

25

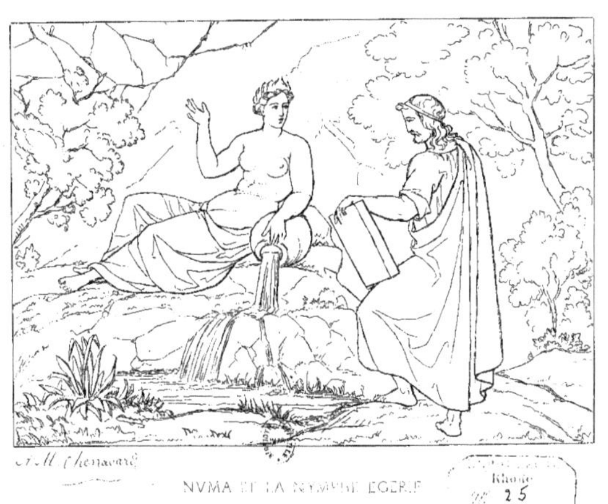

A. M. Chenavard

NVMA ET LA NYMPHE EGERIE

Rhône
N° 25

XXXII

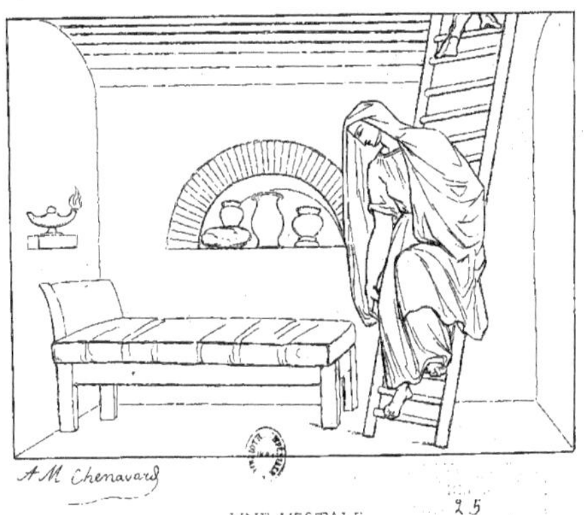

A M Chenavard

VNE VESTALE

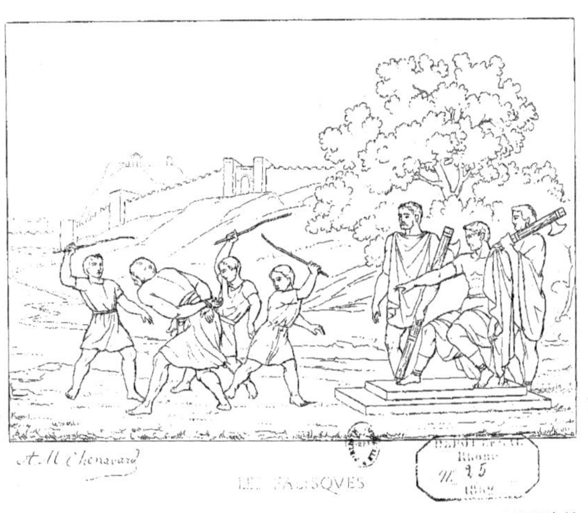

A. M. Chenavard

LES FALISQUES

Rhône
N° 25

XXXIV

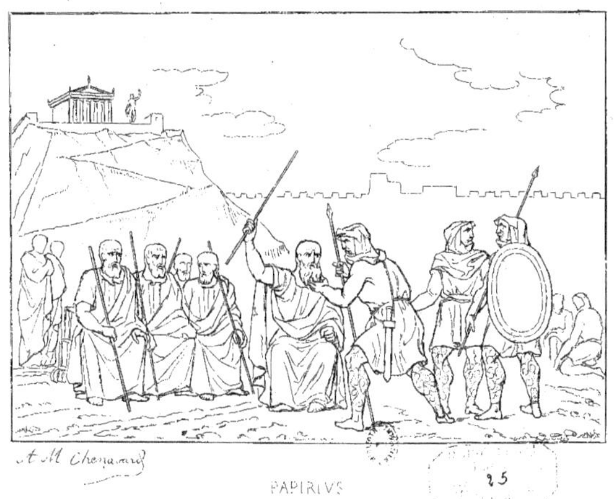

A. M. Chenavard

PAPIRIVS

25

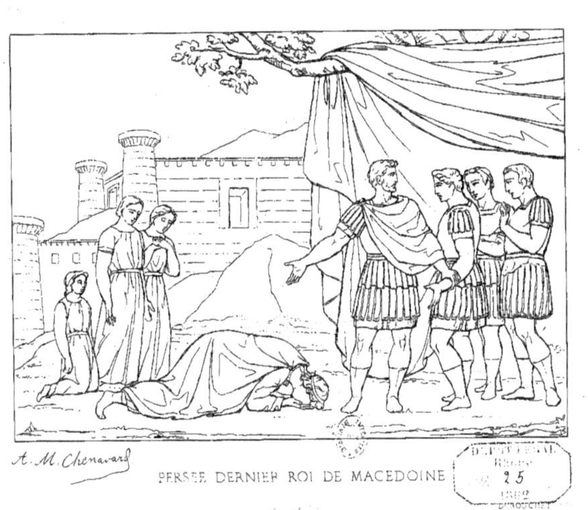

A. M. Chenavard

PERSÉE DERNIER ROI DE MACEDOINE

DÉPÔT LÉGAL Rhône 25

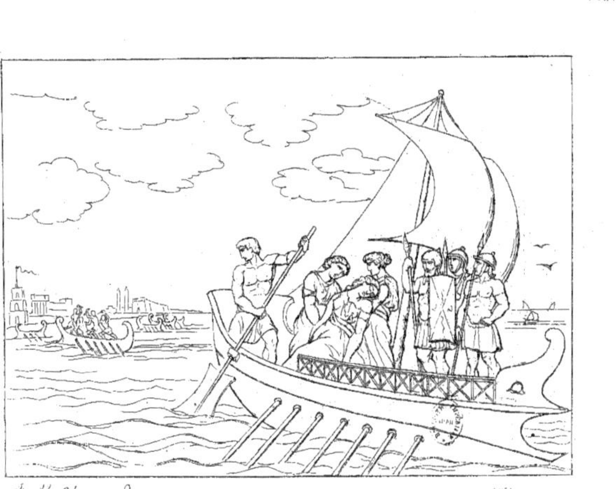

A. M. Chenavard

MORT DE POMPEE

25

XXXVII

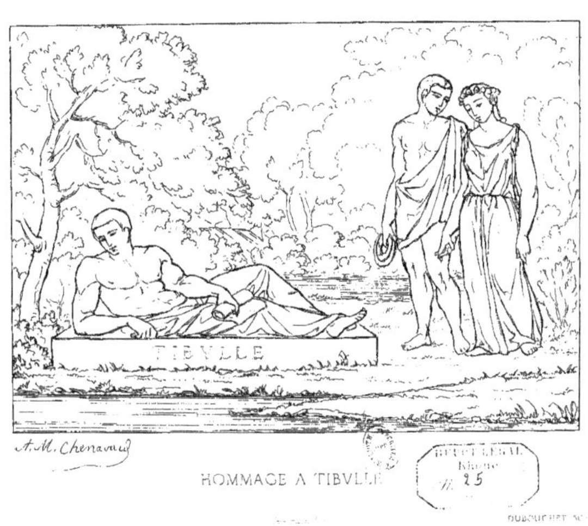

A. M. Chenavard

HOMMAGE A TIBVLLE

DÉPÔT LÉGAL
Rhône
N° 25

DUBOUCHET Sc.

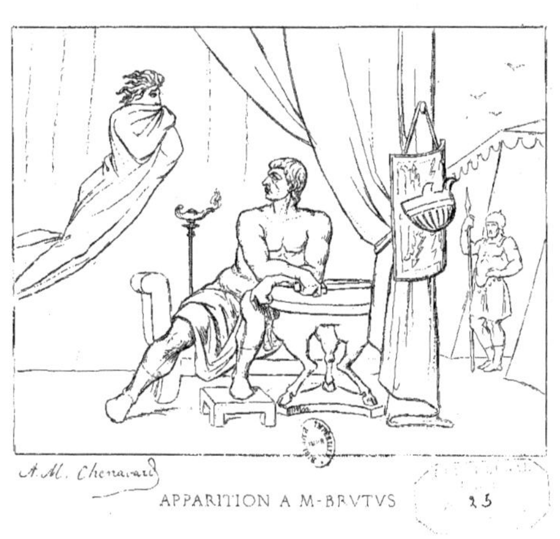

A. M. Chenavard

APPARITION A M-BRVTVS

25

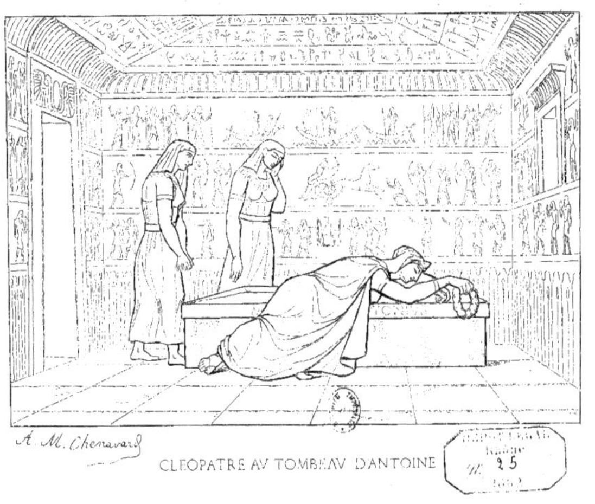

A. M. Chenavard

CLEOPATRE AV TOMBEAV DANTOINE

DÉPÔT LÉGAL
Rhône
Nº 25
1852

LEON SC

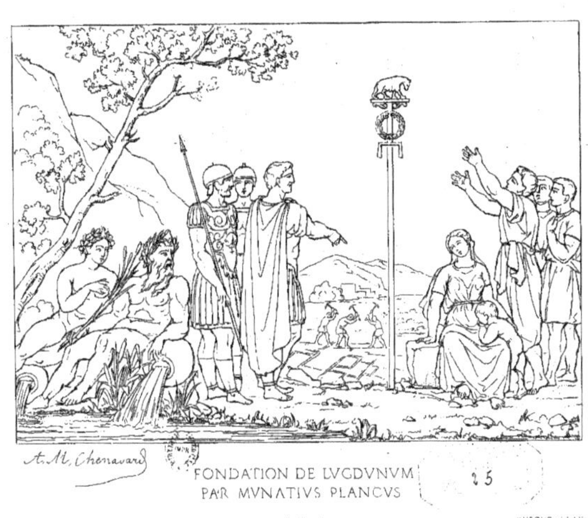

A. M. Chenavard

FONDATION DE LVGDVNVM
PAR MVNATIVS PLANCVS

25

www.ingramcontent.com/pod-product-compliance
Ingram Content Group UK Ltd.
Pitfield, Milton Keynes, MK11 3LW, UK
UKHW020145220726
13923UKWH00001B/384